1480 BKK 22.02.96

Das französische Zivilrecht
Eine Einführung

von

Georges E. Hubrecht

Sammlung Göschen Band 8002

Walter de Gruyter

Berlin · New York · 1974

Dr. Dr. *Georges E. Hubrecht*
ist Professor für Rechtsgeschichte und Zivilrecht
an der Universität Bordeaux
und Hon.Professor an der Universität Bonn

ISBN 3 11 003590 1

©

Copyright 1974 by Walter de Gruyter & Co., vormals G. J. Göschen'sche Verlagshandlung,
J. Guttentag, Verlagsbuchhandlung, Georg Reimer, Karl J. Trübner, Veit & Comp., 1 Berlin 30.

Alle Rechte, insbesondere das Recht der Vervielfältigung und Verbreitung sowie der Über-
setzung, vorbehalten. Kein Teil des Werkes darf in irgendeiner Form (durch Fotokopie, Mikro-
film oder ein anderes Verfahren) ohne schriftliche Genehmigung des Verlages reproduziert oder
unter Verwendung elektronischer Systeme verarbeitet, vervielfältigt oder verbreitet werden.

Printed in Germany.

Satz und Druck: Druckerei Chmielorz, 1 Berlin 44

Geleitwort

Im Zuge eines allmählichen Zusammenschlusses Europas, namentlich im Rahmen der Europäischen Wirtschaftsgemeinschaft, findet das französische Zivilrecht in Deutschland wieder stärkeres Interesse. *Murad Ferid* hat dem französischen Zivilrecht ein umfassendes zweibändiges Werk gewidmet, das an der deutschen Rechtssystematik orientiert ist. Sein Schüler *Sonnenberger* hat eine allgemeine Einführung in das gesamte französische Recht verfaßt, worin das Bürgerliche Recht nur knapp 1/3 der Gesamtdarstellung ausmacht. Für den Anfänger erscheint eine etwas eingehendere Einführung in das französische Zivilrecht nützlich. Der Verfasser der hiermit vorgelegten knappen Darstellung des französischen Zivilrechts ist nicht nur als Rechtshistoriker, sondern als Verfasser pädagogisch nützlicher Einführungsbücher in das französische Recht bekannt: die „Notions essentielles de droit civil" sind 1973 in 9. Auflage erschienen, die „Notions essentielles de droit commercial" 1972 in 4. Auflage. Der Verfasser hat als Honorarprofessor an der Universität Bonn schon mehr als ein Jahrzehnt lang Studenten mit dem französischen Code civil vertraut gemacht. Seine jetzt gegebene Darstellung dient dem gleichen Ziel für eine breitere Leserschaft.

Der vom Verfasser selbst in deutscher Sprache geschriebene Text ist unter voller Wahrung des sachlichen Inhalts der Darstellung im Bonner Institut für Internationales Privatrecht und Rechtsvergleichung stilistisch überarbeitet worden.

Prof. Dr. *G. Beitzke*

Vorwort

Die folgende Einführung in das französische Zivilrecht wurde durch meine Tätigkeit als Gastprofessor an den Universitäten Bonn und Hamburg angeregt, wo ich seit 12 Jahren deutsch-französisches vergleichendes Recht lese. In wenigen Wochen war es mir aber immer nur schwer möglich, wenn nicht sogar unmöglich, die Gesamtheit der Materie zu behandeln. Hinzu kommt, daß den Studenten keine leichtverständlichen deutschsprachlichen Lehrbücher in knapper Form über das französische Zivilrecht empfohlen werden konnten, da die vorhandenen Werke veraltet waren. Deswegen habe ich mich entschlossen, diese kleine Einführung zu schreiben, die in etwa meinen „Notions essentielles de droit civil" (9° Auflage, 1973) entspricht. In der Zwischenzeit sind zwei wertvolle Arbeiten über das französische Recht in Deutschland erschienen. Das erste dieser Bücher stellt eine gründliche Darstellung des Zivilrechts in zwei umfangreichen Bänden dar, während das andere sich darauf beschränkt, eine kurze, präzise Skizze des gesamten französischen Privat- und des öffentlichen Rechts zu zeichnen. Meine Einführung zielt darauf ab, eine Mittelstellung zwischen diesen beiden Werken einzunehmen. Sie soll den interessierten Juristen erlauben, sich über die unterschiedlichen Problematiken des französischen Zivilrechts schnell und doch genau zu informieren.

Die in diesem Buch gewählte Gliederung mag vielleicht den deutschen Leser erstaunen. Mit Absicht bin ich jedoch der französischen Tradition gefolgt: der Arbeitsplan spiegelt den Aufbau des Code civil wieder.

Mein besonderer Dank gilt Herrn Kollegen Beitzke von der Universität Bonn, der meine Arbeit anregte und mit korrigierte. Ferner möchte ich auch nicht versäumen, den wissenschaftlichen Hilfskräften des Bonner Instituts für internationales Privatrecht zu danken, die mir eine wesentliche Hilfe bei der Herstellung und der Korrektur des Manuskriptes waren.

Abschließend bleibt mir nur zu wünschen, daß dieses Buch ein Interesse wachruft, das vielen Juristen und insbesondere die Studenten, einen Zugang zum französischen Zivilrecht finden läßt.

G. Hubrecht

Inhalt

Inhalt

I. Geschichte und Quellen des französischen Zivilrechts

A. Zur Geschichte des französischen Privatrechts

Vor der Revolution von 1789 hatte Frankreich kein allgemeines, in allen Teilen des französischen Staatsgebietes geltendes Gesetzbuch. Die französischen Provinzen ließen sich hinsichtlich des Zivilrechts in zwei Teile einteilen: die sogenannten „pays de droit écrit" (Länder des geschriebenen Rechtes) und die „pays de coutumes" (Länder des Gewohnheitsrechts). In den ersteren hatte das römische Recht die Stellung positiven Rechtes, während in den letzteren das Gewohnheitsrecht der einzelnen Territorialherrschaften und Städte die Hauptquelle des Zivilrechts bildete. Das Gewohnheitsrecht ging auf fränkische Rechtsüberlieferungen zurück. Die Gewohnheitsrechte waren zahlreich und verschieden: 60 galten als allgemeine für jeweils eine Provinz („coutumes générales"), während die Geltung der Mehrzahl der etwa 300 weiteren Gewohnheitsrechte auf einen einzelnen Ort oder eine einzelne Territorialherrschaft beschränkt war („coutumes locales"). Im Gegensatz dazu war das geschriebene Recht schon verhältnismäßig stark vereinheitlicht: ursprünglich herrschte das vorjustinianische Recht, das nach dem 13. Jahrhundert durch das justinianische verdrängt wurde. In Gallien wurde das Corpus Juris Civilis nie öffentlich in Kraft gesetzt, da die römische Herrschaft schon im Jahre 476 ein Ende gefunden hatte; aber seit der Gründung der Universitäten wurde überall das justinianische System gelehrt. Die Trennungslinie zwischen den Ländern des geschriebenen Rechtes und den Gebieten mit Gewohnheitsrecht verlief ungefähr von der Mündung der Flüsse Gironde oder Charente in den Atlantik zum Genfersee. So entsprach die Grenze der Rechtssysteme etwa der sprachlichen Trennung zwischen „langue d'oil" im Norden und „langue d'oc" im Süden. Diese Teilung ist daraus zu verstehen, daß im Süden der Einfluß des römischen Rechts und der römischen Sprache viel größer war als im Norden.

Man darf aber nicht glauben, daß die Trennung der Rechtsgebiete immer so scharf geblieben ist: die beiden Rechtsgebiete beeinflußten sich gegenseitig. Infolge der akademischen Lehre an den Universitäten wurde das römische Obligationenrecht überall rezipiert; und wenn eine Lücke in anderen Rechtsgebieten vorhanden war, galt das römische Recht als ratio scripta. In den südlichen Gebieten wurde das römische ius scriptum von lokalen Gewohnheiten durchsetzt. Spezifische Institutionen des Gewohnheitsrechts wie z. B. das Vorkaufsrecht der Verwandten (retrait lignager) fanden allgemeine Anwendung in ganz Frankreich. Schließlich wurden im 16. Jahrhundert die örtlichen Gewohnheitsrechte öffentlich aufgezeichnet („coutumes rédigées"). Infolgedessen wurde überall das Privatrecht tatsächlich ein geschriebenes Recht.

Eine erste Stufe der Rechtsvereinheitlichung ist im 16. bis 18. Jahrhundert festzustellen: für verschiedene Materien hatten königliche Verordnungen gleiches Recht für ganz Frankreich geschaffen. So z. B. im Handelsrecht unter Ludwig dem XIV, dann für gewisse Gebiete des Erbrechts unter Ludwig dem XV. Die schriftliche Fassung des Gewohnheitsrechts von Paris wurde als ein Musterwerk angesehen und bekam, wie das römische Recht, eine subsidiäre Rechtsgeltung. Auf dem Gebiete der Rechtswissenschaft wirkten für die Vereinheitlichung vor der Revolution von 1789 vor allem Dumoulin, Loisel, Domat und besonders Pothier (Richter und Professor an der Universität Orléans). Aus den zahlreichen Werken von Pothier haben die Redaktoren des C. c. sein Lehrbuch des Obligationenrechts als Vorlage verwendet.

In ihren Wunschlisten („cahiers de doléances") für die Nationalversammlung hat die französische Bevölkerung die Vereinheitlichung und Veröffentlichung des Zivilrechts verlangt. Infolgedessen hat die erste französische Verfassung von 1791 ausdrücklich vorgesehen, daß ein bürgerliches Gesetzbuch für ganz Frankreich geschaffen werden müsse. Der Gesetzgeber wurde jedoch durch den Drang der Ereignisse verhindert, dieses Ziel zu erreichen. Man konnte zunächst nur einzelne Rechtsgebiete im Geiste der Zeit reformieren: Das Lehnwesen wurde abgeschafft; Zivilehe, Ehescheidung und Gleichheit der Erben wurden eingeführt. Erst später, als die Lage sich beruhigt hatte, nahm das Konsulat unter der Leitung von Napoleon Bonaparte das Programm einer allgemeinen Zivilrechtskodifikation wieder auf. Ein Ausschuß von 4 bedeutenden Juristen wurde gebildet; das Ergebnis ihrer Arbeit wurde im Jahre 1804 als „Code civil des français" in Kraft gesetzt.

Die Quellen des Code civil sind verschieden. Pariser Gewohnheitsrecht, besonders beim Personen- und Familienrecht, römisches Recht beim Sachen- und Obligationenrecht sowie das neue Recht aus der zwischenzeitlichen Gesetzgebung (législation intermédiaire) fanden angemessene Berücksichtigung. Das Werk galt damals als ein glänzender Erfolg im Geiste der Aufklärung. In den Jahren 1804—1812 wurde der Code civil in vielen Ländern Westeuropas eingeführt. In Deutschland bereitete erst die Inkraftsetzung des BGB am 1. Januar 1900 der Geltung des Code civil in den Rheinlanden ein endgültiges Ende. Heute noch gilt die Napoleonische Gesetzgebung in Belgien und Luxemburg weiter, auch wenn sie durch eigene Gesetze dieser Staaten teilweise abgeändert ist. Nicht nur in Westeuropa, sondern auch in zahlreichen anderen Gebieten hat die Kodifikation von 1804 einen bedeutenden Einfluß auf Lehre und Gesetzgebung genommen. Die klugen und maßhaltenden Bestimmungen des Code civil entsprechen dem individualistischen und bürgerlichen Charakter der Bevölkerung des 19. Jahrhunderts. Obwohl der Code civil besonders im 20. Jahrhundert vielfach verändert wurde, wirken doch sein Geist und seine Grundsätze über die Freiheit des Menschen, des Eigentums und des Vertragsschlusses weiter.

B. Heutige Quellen des Zivilrechts

Neben der Sondergesetzgebung, der Rechtsprechung und der juristischen Lehre ist der Code civil die erste und wichtigste Quelle des heutigen Zivilrechts.

1. Der Code civil: Inhalt und Einteilung

Der Code civil besteht aus 2281 mit fortlaufenden Nummern bezeichneten Artikeln. Einige dieser Artikel sind außer Kraft gesetzt. Sie sind einfach „leere" Artikel, deren Nummern weiter bestehen. Im Gegensatz dazu sind andere Artikel in Unterartikel eingeteilt (die mit „Exponenten" (z. B.: 220—3) bezeichnet sind). Dieses System hat den Zweck, die traditionelle, wohlbekannte Numerierung der Artikel nicht zu verändern. Das Gesetzbuch ist in einen Einführungstitel und drei „Bücher" (Teile) gegliedert, von denen der erste das Personen- und Familienrecht behandelt, der zweite das Sachenrecht und der dritte unter der Überschrift „Von den verschiedenen Arten des Eigentumserwerbs" alles übrige. In diesem dritten Teil, der 1571 Artikel umfaßt, befinden sich neben dem Erbrecht und dem ehelichen Güterrecht auch das gesamte Obligationsrecht. Es ist kaum nötig anzumerken, daß diese Gliederung nicht befriedigt. Der Code civil weist manche Lücken auf: es fehlen ihm nicht nur ein allgemeiner Teil, sondern auch Vorschriften über Vereine und juristische Personen sowie über Besitzschutz und über das Versicherungsrecht. Die Kodifikation ist aber nicht kasuistisch angelegt: die Artikel enthalten oft allgemeine Grundsätze anstatt präziser Einzelregeln. Das bekannteste Beispiel hierfür sind die Vorschriften über die unerlaubten Handlungen in den Artikeln 1382 bis 1383: ihre Fassung läßt einen sehr weiten Raum für die richterliche Auslegung.

Infolge der politischen und sozialen Entwicklung sind ziemlich viele Artikel seit 1804 verändert worden. Mit der Wiederherstellung des Königtums im Jahre 1815 wurde die Ehescheidung abgeschafft und erst 1884 wieder eingeführt. Die anfangs sehr streng gestaltete väterliche Gewalt wurde im Laufe der Zeit allmählich schwächer; sie wurde schließlich in eine unter gerichtlicher Kontrolle stehende elterliche Gewalt umgewandelt. Die vom Gesetzgeber früher sehr schlecht behandelten unehelichen Kinder sind seit 1972 den ehelichen gleichgestellt. Nach dem zweiten Weltkrieg wurde eine Reformkommission gegründet, die eine neue Fassung des C. c. vorbereiten sollte. Da die Regierung keine Richtlinien für die Reform gegeben hatte, mußte die Arbeit nach einigen Jahren eingestellt werden. Die Tagungen der Kommission sind jedoch nicht ganz umsonst abgehalten worden: besonders im Familienrecht haben die Arbeiten der Kommission Anlaß gegeben, das Vormundschaftsrecht (1964), das Ehegüterrecht (1965), das Adoptionsrecht (1966), das Recht der geschäftsunfähigen Volljährigen (1968) und die Gleichberechtigung in der elterlichen Gewalt (1970) sowie das Kindschaftsrecht (1972) neu zu regeln.

Es bleiben gleichwohl im C. c. heute noch manche Lücken und veraltete Bestimmungen. Das hat eine wichtige Ergänzungsgesetzgebung sowie eine sehr weitgehende Recht schaffende Rechtsprechung zur Folge.

2. Die Ergänzungsgesetzgebung zum Code civil (législation complémentaire)

Soweit der C. c. auf einzelnen Gebieten keine Regelung enthielt, mußte man darüber Spezialgesetze erlassen. So sind folgende Ergänzungen außerhalb der Gesamtkodifikation erfolgt:

(1) Durch ein Gesetz vom 23. 3. 1855 wurde das formelle Grundstücksrecht, und zwar zunächst für den Fall des Kaufes eines Grundstückes normiert. Allmählich hat der Gesetzgeber weitere Fälle der Übertragung oder Neubestellung dinglicher Rechte an Immobilien der Eintragung bei dem Hypothekenamt unterworfen. Schließlich hat eine wichtige Verordnung vom 4. Januar 1955 eine Gesamtreform des formellen Grundstücksrechts gebracht. Mit Ausnahme der Elsass-Lothringischen Gebiete ist aber in Frankreich ein echtes Grundbuchrecht noch immer unbekannt.

(2) Infolge des streng individualistischen Chrakters der Kodifikation wurde der Verein nicht erwähnt. Erst ein Gesetz vom 1. Juli 1901 hat die Vereinigungsfreiheit proklamiert.

(3) Versicherungen waren im C. c. noch unbekannt. Nur im Code de commerce (Handelsgesetzbuch) konnte man Artikel über die Seeversicherung finden, und diese waren noch ungefähr so gefaßt wie in der „Ordonnance de commerce" von Colbert. Ein Gesetz vom 13. Juli 1930 enthält jetzt eine allgemeine Regelung des Versicherungsvertragsrechts, worin die

wichtige Unterscheidung zwischen Schadensversicherung und Lebensversicherung durchgeführt wird.

(4) Das Wohnungseigentum wurde durch ein Gesetz vom 10. Juli 1965 geregelt.

(5) Ein Mietnotrecht für Wohnungen wurde durch ein in der Zwischenzeit oftmals modifiziertes Gesetz vom 1. September 1948 eingeführt.

(6) Ein Gesetz vom 11. März 1957 behandelt das Urheberrecht an geistigen, literarischen und künstlerischen Werken.

(7) Das Gesetz über Berufsunfälle vom 9. April 1898 wurde 1946 durch ein Gesetz über die soziale Sicherheit ersetzt.

Weitere Sondergesetze sind zu besonderen Kodifikationen zusammengefaßt. Infolgedessen bestehen heute selbständige Kodifikationen für das Arbeitsrecht (Code du Travail), das Landwirtschaftsrecht (Code rural), die Sozialversicherung (Code de la Sécurité sociale), usw.

a) Zustandekommen der Gesetze und Verordnungen

Der Code civil und die Ergänzungstexte sind Gesetze oder Verordnungen. Die Gesetze werden vom Parlament, die Verordnungen von der Regierung beschlossen.

Gesetze (lois)

Nach der heutigen Verfassung der V. Republik haben der Ministerpräsident und jedes Parlamentsmitglied ein Recht zur Gesetzesinitiative. Das Parlament besteht aus zwei Kammern, der Nationalversammlung und dem Senat. Die Abgeordneten der Nationalversammlung werden in allgemeiner, unmittelbarer und gleicher Wahl gewählt. Die Senatoren werden von den Abgeordneten, Generalräten und Vertretern der Gemeinderäte gewählt. Ein Gesetz ist beschlossen, sobald die Mehrheit sowohl der Nationalversammlung als auch des Senats den Entwurf verabschiedet hat. Da die politische Tendenz der beiden Kammern nicht die gleiche ist, kommt es öfter vor, daß sich die beiden Kammern über eine Gesetzesvorlage nicht einigen können. Gehen in einem solchen Fall die Vorlagen zwischen beiden Kammern hin und her, so wird eine gemischte Kommission gebildet, um eine vermittelnde Lösung zu finden. Bestehen nach der dritten Lesung Differenzen weiter, so entscheidet die Nationalversammlung endgültig.

Nach der Beschlußfassung muß das Gesetz „promulgiert" werden. Diese Promulgation besteht in der Unterzeichnung durch den Präsidenten der Republik, welche den Befehl enthält, daß das Gesetz, dessen Text dadurch zugleich authentisch festgestellt wird, in Kraft treten soll. Der Text des Gesetzes muß dann im „Journal Officiel" (Gesetzblatt) publiziert werden. Diese Bekanntmachung schafft die Vermutung, daß das Gesetz jedermann bekannt ist („Nul n'est censé ignorer la loi"). Neue Zivilgesetze bestimmen öfters, daß sie erst 6 Monate nach ihrer Verkündung in Kraft treten.

Verordnungen (Décrets und Arrêtés)

Nach der heutigen Verfassung ist die Gesetzgebungsbefugnis des Parlaments begrenzt. Seine Zuständigkeit umfaßt die Staatsangehörigkeit, das Strafrecht und die Grundsätze des Privat- und Arbeitsrechts. Alles andere, insbesondere die nähere Anwendung der Grundsätze, kann durch Verordnungen der Regierung geregelt werden. Um ein neues Gesetz tatsächlich anwenden zu können, muß man häufig die Veröffentlichung der Ausführungsverordnung abwarten.

b) Die Geltungsdauer der Gesetze

Die Geltungsdauer von Gesetzen und im allgemeinen auch sonstiger Rechtsvorschriften ist an sich unbeschränkt. Insbesondere können Gesetze nicht einfach dadurch außer Kraft treten, daß sie praktisch nicht angewendet werden. Natürlich können alle derzeit geltenden Gesetze durch spätere Rechtsvorschriften aufgehoben werden, sei es ausdrücklich, sei es stillschweigend; letzteres erfolgt dann, wenn der Inhalt des späteren Gesetzes dem früheren widerspricht.

Prinzip des Ausschlusses der Rückwirkung

„Die Gesetze verfügen nur für die Zukunft, sie haben keine rückwirkende Kraft" (Art. 2 C. c.). Ein neues Gesetz kann nicht das, was schon vorher gegolten hat, ungeschehen machen oder für unwirksam erklären. Es wäre ungerecht, jemanden nach einem Gesetz zu beurteilen, das er zu der Zeit, in welche die zu beurteilende Tatsache fällt, nicht beachten konnte, weil das Gesetz damals noch nicht existierte. Die Rechtsprechung unterscheidet jedoch zwischen unwiderruflich erworbenen Rechten (droits acquis) und bloßen Hoffnungen und Rechtserwartungen (simples expectatives). Nur endgültig erworbene Rechte bleiben vom Wechsel der Gesetzgebung unberührt. Außerdem werden die Verfahrensgesetze und Auslegungsvorschriften, durch welche ein früheres Gesetz authentisch ausgelegt wird, sofort anwendbar. Schließlich erfährt die Regel, daß Gesetze nicht zurückwirken, eine entscheidende Ausnahme, wenn der Gesetzgeber ihnen ausdrücklich rückwirkende Kraft beigelegt hat.

c) *Räumliche Grenzen der Anwendung der Rechtsregeln*
   (Art. 3 C. c.)

Grundsätzlich soll der französische Richter nur nach inländischem Recht urteilen. Dieser Grundsatz wird aber nur in zwei Richtungen in voller Schärfe ohne Rücksicht auf die Staatsangehörigkeit der Beteiligten durchgeführt: alle Straf- und Sicherheitsgesetze sind für sämtliche Personen, die sich im Staatsgebiet aufhalten, verbindlich; Grundstücke, die sich auf französischem Staatsgebiet befinden, unterstehen immer nur den französischen Gesetzen. Sonst erfährt das aufgestellte Prinzip der Maßgeblichkeit des inländischen Rechts manche Ausnahme: Rechtsfähigkeit und Personenstand einer Person sind immer nach dem Gesetz des Landes zu beurteilen, welchem die betreffende Person angehört. Dieser allgemeine Grundsatz wird aber aus dem Abs. 3 des Art. 5 abgeleitet, der bestimmt: „Die Gesetze, die den Personenstand und die Rechts- und Geschäftsfähigkeit der Personen betreffen, gelten für Franzosen auch dann, wenn sie sich im Ausland aufhalten." Diese Regel gilt auch für die gesetzliche Erbfolge und für Verfügungen von Todes wegen. Ein ausländisches Gesetz kann aber in Frankreich nie angewendet werden, wenn es der öffentlichen Ordnung widerspricht (z. B. Zulassung der Mehrehe). Insgesamt gehören diese Regeln dem internationalen Privatrecht an, welches ein selbständiges Rechtsgebiet bildet und hier nicht ausführlicher behandelt werden kann.

Die Staatsangehörigkeit spielt auch sonst noch eine gewisse Rolle im Zivilrecht. Ursprünglich regelte der C. c. die Rechtsstellung des französischen Bürgers: jeder Franzose ist ohne weiteres zum Besitz der Bürgerlichen Rechte befähigt (Art. 8). Deswegen enthielt der C. c. bis in die neueste Zeit auch das Staatsangehörigkeitsrecht. Erst seit 1945 ist das Staatsangehörigkeitsrecht in einem selbständigen Gesetzbuch mit 150 Artikeln enthalten (code de la nationalité), das gemischte, aus „jus sanguinis" und „jus soli" abgeleitete Lösungen enthält. Der Erwerb der französischen Staatsangehörigkeit hängt einerseits von der Staatsangehörigkeit der Eltern und andererseits vom Geburtsort des Einzelnen ab. Außerdem unterscheidet der Code de la nationalité die ursprüngliche und die nachträglich erworbene Staatsangehörigkeit. So wird die französische Staatsangehörigkeit von unehelichen Kindern durch ihre Anerkennung erworben; ferner kann sie durch Volladoption und Legitimation erworben werden. Eine Ausländerin, die einen Franzosen heiratet, erwirbt seit der Neufassung des Art. 37 des Code de la nationalité durch Gesetz vom 9. 1. 1973 nicht mehr automatisch die französische Staatsangehörigkeit.

Was die Rechtsstellung der Ausländer in Frankreich betrifft, so bestimmt Art. 11 C. c., daß der Ausländer zum Besitz bürgerlicher Rechte nur befähigt ist, wenn sein Heimatstaat vertragliche Gegenrechte gewährt (siehe unten, S. 30).

3. Die Rechtsprechung (La jurisprudence)

In Frankreich ist die Rechtsprechung als Rechtsquelle von unstreitiger Bedeutung. Ein Gericht ist nicht nur berechtigt, sondern verpflichtet, das Gesetz auszulegen. Ein Richter, der sich unter dem Vorwand des Stillschweigens, der Dunkelheit oder der Unzulänglichkeit des Gesetzes weigern würde, Recht zu sprechen, könnte wegen Rechtsverweigerung verfolgt werden (Art. 4). Der Richter hat also nicht nur die Aufgabe der einfachen Gesetzesauslegung, sondern allenfalls auch die der Lückenfüllung. Auslegung bezweckt in erster Linie, den Sinn einer Rechtsvorschrift klarzustellen. Dabei sind die Auslegungsmethoden verschieden. Eine Methode geht vom Wortlaut des Gesetzes aus (critère exégétique). Der Richter hat zu be-

stimmen, was „injure" (Beleidigung) im Art. 232, „faute" und
„dommage" (Verschulden und Schaden) im Art. 1382 bedeuten
sollen. Er kann ein geschichtliches Kriterium heranziehen, indem er die Verhältnisse zur Zeit der Veröffentlichung prüft
(critère historique). Eine viel benutzte Methode besteht im
Aufsuchen des mutmaßlichen Willens des Gesetzgebers. Unter
Berücksichtigung der Entstehungsgeschichte und der Beratungen
im Parlament sucht der Richter nach Sinn und Zweck der Vorschrift (recherche de l'intention du législateur). Wenn das Gesetz Lücken aufweist, muß der Richter sie ausfüllen; dafür hat
er sich zunächst an ähnlichen Vorschriften zu orientieren (argu-
ment d'analogie). Eine ganz präzise Bestimmung erlaubt jedoch
keine ausdehnende Auslegung; wenn schließlich keine Möglichkeit der Lückenfüllung bleibt, muß der Richter nach derjenigen
Regel entscheiden, die er als Gesetzgeber für den gegebenen
Fall aufstellen würde. Gewöhnlich sucht er jedoch eine An-
knüpfung an irgendeiner anderen Rechtsvorschrift, auch wenn
diese ursprünglich etwas ganz anderes vorgesehen hatte. Der
bekannteste Fall ist die neues Recht schaffende Auslegung („in-
terprétation créatrice") bei Art. 1384, Abs. 1 am Ende, durch
welche die Haftung des Halters einer schadenstiftenden Sache
begründet wurde.

In der Praxis haben nur die Entscheidungen der obersten Gerichte (insbesondere des Kassationshofs) wirklich rechtsfortbil-
dende Kraft. Denn man kann gegen jedes Urteil, das in letzter
Tatsacheninstanz gesprochen worden ist, beim Kassationshof
Revision einlegen. In Frankreich ist jedoch die Rolle der Rechtsprechung ganz anders als in England, wo das Common Law
in erster Linie auf zwingendem Gerichtsgebrauch beruht. Theo-
retisch ist in Frankreich zwar die bindende Wirkung der Ent-
scheidung des Kassationshofes auf den Einzelfall begrenzt. Nach
Art. 5 C. c. ist es nämlich den Richtern verboten, über die ih-
nen vorgelegten Streitigkeiten mittels Aufstellung allgemeiner
Normen zu entscheiden. Diese Bestimmung entspricht dem
Grundgedanken der Gewaltenteilung, wie sie Montesquieu in
„L'Esprit des Lois" entwickelt hat. Die Gerichte dürfen das
Gesetz nur in Beziehung auf einen einzelnen Fall, nicht durch
Schaffung allgemeiner, für künftige Fälle geltender Normen

auslegen. Im Gegensatz zum englischen Recht, wo der Richter nach dem Fallrecht (Case Law) des High Court urteilen muß, ist der französische Richter immer frei, eine andere Auslegung als diejenige des Kassationshofs anzunehmen; aber infolge eines Revisionsantrages kann sein Urteil kassiert werden, womit der Kassationshof die Möglichkeit gewinnt, eine einmal eingeleitete Judikatur in weiteren Urteilen fortzuführen. So wird schließlich öfter die Rechtsprechung als ein vom gelehrten Richter geschaffenes Gewohnheitsrecht angesehen.

Die Gerichte

Um die Entwicklung der Rechtsprechung besser zu verstehen, muß man die Grundregeln der Zivilrechtspflege kennenlernen. In erster Instanz ist das „Tribunal de grande instance", also ein Kollegialgericht, zuständig, das dem deutschen Landgericht entspricht. Aber ausnahmsweise ist das „Tribunal d'instance" (entsprechend dem Amtsgericht) im ersten Rechtszug zuständig für Angelegenheiten von geringem Streitwert, für Miet-, Unterhalts- und Besitzschutzklagen. Im Gegensatz zum Tribunal de grande instance, das regelmäßig mit drei Berufsrichtern besetzt ist, entscheidet in dem Tribunal d'instance ein Einzelrichter. Bei dem Tribunal de grande instance ist jedoch ein Sonderverfahren vor einem Einzelrichter möglich (référé), wenn die Sache besonders dringend ist und die Entscheidung dem späteren ordentlichen Verfahren nicht vorgreift. Gegen die Entscheidungen der Tribunaux d'instance, de grande instance und der référés ist die Berufung möglich. Das Appellationsgericht („Cour d'appel") kann erneut nicht nur die Rechtsanwendung, sondern auch den Sachverhalt prüfen. Gegen ein Urteil des Appellationsgerichts ist die Revision zulässig, wofür im ganzen Land allein der Pariser Kassationshof zuständig ist. Die „Cour de Cassation" kann nur die Rechtsanwendung prüfen. Beruht das angefochtene Urteil auf einer Rechtsverletzung, so wird die Entscheidung „kassiert", also für nichtig erklärt, und die Sache einem anderen Appellationsgericht zugewiesen. Im Gegensatz zur Berufung verhindert der Kassationsantrag die Vollstreckung des angefochtenen Urteils nicht (Ausnahme nur in Ehesachen!).

Durch die Kontrolle, welche der Kassationshof auf diese Art ausübt, wird die Einheitlichkeit der Rechtsanwendung gesichert.

4. Das Gewohnheitsrecht (la coutume)

spielt noch eine gewisse aber beschränkte Rolle. Das alte Recht, und damit die coutumes, die noch 1804 gültig waren, wurde zwar ausdrücklich außer Kraft gesetzt. Gewohnheitsrecht kommt seitdem nur noch in Betracht, soweit es ausdrücklich als Rechtsquelle zugelassen ist, oder wenn es von der Rechtsprechung anerkannt wurde. Obwohl ein Teil der Lehre Verkehrssitten und Handelsbräuche vom Gewohnheitsrecht unterscheidet, können diese hier alle zusammen behandelt werden. Gewohnheiten und Ortsgebräuche wurden vom C. c. selbst als Rechtsquelle im Nachbarrecht (Art. 671 ff.), im Mietrecht (Kündigungsfrist: Art. 1736, 1762) und für die Auslegung eines unklaren Vertrages (Art. 1135, 1159, 1160) anerkannt. Die im Handelsverkehr geltenden Bräuche spielen in der Rechtsprechung eine erhebliche Rolle.

5. Die juristische Wissenschaft oder Lehre (la doctrine)

ist nur eine mittelbare Rechtsquelle; sie beeinflußt aber die Rechtsbildung in einem nicht bestreitbaren Maß. Öfters wurden der Gesetzgeber und Richter durch die Lehre zu einer Änderung der Normen veranlaßt. Widerspruch der Wissenschaft kann die Bildung eines Gewohnheitsrechts verhindern. Die bedeutendsten Rechtsdenker der französischen Geschichte sind im 13. Jahrhundert Philippe de Beaumanoir mit seinen „Coutumes de Beauvaisis", dann im 16. Jahrhundert Charles Dumoulin, schließlich im 18. Jahrhundert Pothier, der viele Werke veröffentlicht hat und dessen Bücher eine wichtige Quelle für die Geschichte und Auslegung der napoleonischen Kodifikationen darstellen. An der Wende des 19. Jahrhunderts muß man noch Professor Saleilles erwähnen, der die Kenntnis des BGB in Frankreich verbreitete; dann Capitant und Ripert, deren Werke einen großen Einfluß auf die Entwicklung der Gesetzgebung und Rechtsprechung ausgeübt haben.

II. Personen- und Familienrecht

A. Personenrecht

Die Rechtsordnung betrachtet als Person jeden, der Träger subjektiver Rechte und Pflichten sein kann; sie unterscheidet natürliche und juristische Personen. Da die Sklaverei schon längst abgeschafft wurde, ist jeder Mensch als physische Person Rechtssubjekt. Jedermann besitzt von der Geburt bis zum Tod die Rechtsfähigkeit und damit die Fähigkeit, Eigentümer, Gläubiger oder Schuldner zu werden. In dieser Hinsicht spielen Geschlecht, Alter, Rasse oder Staatsangehörigkeit grundsätzlich keine Rolle. Jedoch ist nicht jedermann fähig, die ihm zustehenden Rechte selbst auszuüben. Die Handlungsfähigkeit (capacité d'exercice) erfordert ein gewisses Alter und einen normalen Geisteszustand. Minderjährige sind geschäfts- und deliktsunfähig. Die Geschäftsfähigkeit Geisteskranker ist davon abhängig, ob sie unter Vormundschaft oder Pflegschaft gestellt sind. Auch wenn sie strafrechtlich nicht zur Verantwortung gezogen werden können, sind sie doch deliktsfähig und für ihre unerlaubten Handlungen haftbar.

Juristische Personen (personnes morales) sind organisierte Vereinigungen von Menschen, die von der Rechtsordnung als eigenständige Rechtssubjekte betrachtet werden. Eine Gemeinde, ein Verein, eine Gesellschaft sind juristische Personen, die eigenes Vermögen haben können. Stiftungen (fondations) sind im französischen Recht unbekannt.

Jede natürliche oder juristische Person hat eine Lebensdauer, eine besondere Bezeichnung (Namen, Firma, usw.), eine volle oder beschränkte Geschäftsfähigkeit, einen Wohnsitz, ein Vermögen und eine Staatsangehörigkeit.

1. Juristische Personen

Juristische (oder, französisch, „moralische") Personen gehören entweder dem öffentlichen Recht oder dem Privatrecht an. Juristische Personen des öffentlichen Rechts sind die Staaten, die Bezirke (départements), die Gemeinden (communes) und die sonstigen öffentlichen Anstalten, die einen besonderen Etat be-

sitzen (Universitäten, Spitäler, usw.). Regionen, Kreise (arron-
dissements), Kantone sind keine juristischen Personen, sondern
nur Verwaltungsgebiete.

Die juristische Person kann, gleich wie die natürliche Person,
Eigentümer, Gläubiger und Schuldner werden. Sie besitzt ein
eigenes Vermögen, ein Budget mit Einnahmen und Ausgaben.
Sie hat ihre besonderen Beamten und ist durch eine physische
Person (Präsident der Republik, Bezirksdirektor oder Präfekt,
Bürgermeister = „maire", usw.) bei Abschluß von Rechtsgeschäften vertreten. Die wichtigsten Entscheidungen müssen von
einem Gremium (z. B. Gemeinderat = „conseil municipal"),
das von der Bevölkerung gewählt wird, angenommen oder genehmigt werden. Die juristische Person des öffentlichen Rechts
— mit Ausnahme des Staates selbst — genießt nur eine be-
grenzte Autonomie: sie steht unter der sog. Verwaltungsvor-
mundschaft (tutelle administrative), ihr Leben wird aber von
keiner Zeitfrist bestimmt.

Im Gegensatz dazu dauert die juristische Person des Privatrechts höchstens 99 Jahre. Sie kann aber ausdrücklich verlängert
werden. Vereine und Gesellschaften sind juristische Personen
des Privatrechts. Die Rechtsfähigkeit des Vereins ist von seinem Zweck bestimmt und gilt nur für die Geschäfte, die diesen
Zweck erreichen können. Der Staat kann den rechtswidrigen
Verein auflösen. Die Gesellschaft genießt grundsätzlich eine
volle Rechtsfähigkeit. Verwaltung und Zweck der juristischen
Personen des Privatrechts müssen in ihren Satzungen präzisiert
werden. Wenn es sich um einen Verein oder um eine Handelsgesellschaft handelt, so sind die Satzungen gewissen Publizi-
tätsmaßnahmen unterworfen.

2. Physische oder natürliche Personen

Die Rechtsfähigkeit beginnt mit der Geburt. Das Kind muß
lebend zur Welt kommen, um rechtsfähig zu sein. Schon vor
der Geburt kann dem nur empfangenen Kind eine Erbschaft,
ein Legat oder eine Schenkung zufallen; es kann auch von seinen unverheirateten Eltern bereits anerkannt werden. Alle

diese Vorteile sind von der späteren Lebendgeburt abhängig. Der rechtliche Status des Menschen wird vor allem durch die Personenstandsurkunden bewiesen.

a) Personenstandsrecht

Der C. c. sieht drei Personenstandsurkunden vor: Geburtsurkunden, Heiratsurkunden, Sterbeurkunden. Sie bilden die saekularisierte Form der aus dem kirchlichen Recht überlieferten Tauf-, Heirats- und Bestattungsurkunden, welche die Pfarrer in ihren Gemeinden schon seit dem 16. Jahrhundert abzufassen pflegten. Die Personenstandsurkunden sollen in dem Bürgermeisteramt der Gemeinde errichtet werden, in der das betreffende Ereignis stattgefunden hat. Zuständiger Beamter ist der Bürgermeister oder sein Stellvertreter. Als Standesbeamter ist der Bürgermeister kein Verwaltungsbeamter: er steht vielmehr unter Aufsicht des Staatsanwalts. Die Urkunden sollen in die Personenstandsregister aufgenommen werden, die in zweifacher Ausfertigung zu führen sind. Die Register sind insofern öffentlich, als jeder Interessierte Abschriften oder Auszüge aus den Urkunden verlangen darf. Aber nur ein Gericht oder Verwandte bekommen vollständige Abschriften von Geburts- oder Heiratsurkunden. Sämtliche Personenstandsurkunden haben als öffentliche Urkunden volle Beweiskraft bis zur etwaigen Erhebung einer Fälschungsklage. Anmeldungen von Geburten sollen innerhalb dreier Tage nach der Niederkunft bei dem Standesbeamten der Gemeinde des Geburtsortes gemacht werden. Die Geburt ist vom Vater, Arzt, von der Hebamme oder sonstigen Personen, die der Niederkunft beigewohnt haben oder in deren Wohnung die Niederkunft stattgefunden hat, anzumelden. Die Geburtsurkunde ist unverzüglich aufzunehmen (Art. 55, 56 C. c.). Die freiwillige Anerkennung eines nichtehelichen Kindes kann gleich in seiner Geburtsurkunde erfolgen (Art. 335 C. c.). Heiratsurkunden sollen u. a. die Namen von 2 bis 4 Zeugen angeben, die der Eheschließung beigewohnt haben (Art. 76 C. c.). Die Errichtung der Sterbeurkunde ist Voraussetzung für die Beerdigung (Art. 77 C. c.). Wenn die Leiche nicht aufgefunden wurde, kann keine Sterbeurkunde aufgesetzt werden. In solchen Fällen sind die gesetzlichen Bestimmungen über Abwesenheit (absence) oder Verschollenheit (disparition) oder Todeserklärung anzuwenden.

Jede Personenstandsurkunde muß Namen, Vornamen, Alter, Beruf und Wohnsitz der Interessierten oder Anzeigenden angeben. Ist irrtümlich etwas falsches beurkundet worden, so kann die Urkunde nicht vom Standesbeamten selbst verbessert werden; vielmehr ist dazu ein gerichtliches Urteil unentbehrlich (Art. 99 ff. C. c.).

b) Das Ende der Persönlichkeit

Gewöhnlich endet die Rechtsfähigkeit der natürlichen Person mit ihrem Tode. Der „bürgerliche Tod" als Folge einer Verurteilung zur Todesstrafe oder zu lebenslänglichem Zuchthaus ist 1854 abgeschafft worden. Gleichwohl ist der zu lebenslänglicher Freiheitsstrafe Verurteilte nach wie vor unfähig, etwas unentgeltlich, also durch Schenkung oder durch Verfügung von Todes wegen zu erwerben oder zu veräußern (Art. 36 Code pénal). Sind mehrere Personen anläßlich des gleichen Ereignisses umgekommen, ohne daß man weiß, ob sie alle zur gleichen Zeit verstorben sind, so findet die gesetzliche Commorientenvermutung Anwendung. Waren die beteiligten Personen gleichen Geschlechts und zwischen 15 und 60 Jahre alt, so wird vermutet, daß der Jüngere den Älteren überlebt hat. Waren die Beteiligten gleichen Alters oder überstieg der Altersunterschied nicht 1 Jahr, so wird vermutet, daß ein Mann eine Frau überlebt hat (Art. 720 ff. C. c.).

Abwesenheits- und Verschollenheitserklärung

Wenn eine Person vermißt wird, d. h. wenn sie von dem Ort ihres Wohnsitzes verschwindet, ohne Nachricht zu geben, kann sie gerichtlich entweder für „abwesend" oder für „tot" erklärt werden. Im ersteren Fall besteht immer noch die Vermutung, daß die betreffende Person lebt; eine etwaige Ehe besteht noch, so daß eine neue Ehe des Partners unmöglich ist. Anders steht es jedoch im Falle der Todeserklärung.

Die „Abwesenheit" oder einfache Verschollenheit war schon im C. c. von 1804 vorgesehen. Wenn der Abwesende keinen Bevollmächtigten hinterlassen hat, kann er nach Ablauf von 4

Jahren auf Antrag seiner eventuellen Erben für verschollen erklärt werden. Das Urteil verschafft den Erben vorläufigen Besitz am Vermögen des Verschollenen gegen Sicherheitsleistungen. Dieser vorläufige Besitz verschafft nur die Verwaltung des Vermögens und verpflichtet zur Rechnungslegung (Art. 125 C. c.). Nach weiterer 30jähriger Abwesenheit von der vorläufigen Einweisung der Erben in das Vermögen des Verschollenen an können alle Beteiligten die endgültige Einweisung in den Besitz und die Teilung des Vermögens verlangen (Art. 129 C. c.). Dann erst können die Erben Grundstücke des Abwesenden veräußern oder hypothekarisch belasten. Auch wenn der Verschollene noch nach der endgültigen Einweisung der Erben in sein Vermögen wieder erscheint, erhält er sein Vermögen in demjenigen Zustand zurück, in welchem es sich dann befindet. Soweit es veräußert wurde, hat er Anspruch auf den Erlös (Art. 130 C. c.). Solange der Abwesende nicht wieder erscheint, erwerben diejenigen, welche die Erbschaft in Empfang genommen haben, die in gutem Glauben gezogenen Früchte und erwirtschafteten Erträge für sich (Art. 138 C. c.).

Eine gerichtliche Todeserklärung ist erst seit 1945 möglich, wenn jemand unter solchen Umständen verschollen ist, die eine Lebensgefahr bedeuteten. Allein die Staatsanwaltschaft ist zuständig, um eine entsprechende Klage zu erheben oder zu übermitteln (Art. 88 ff. C. c. in der Fassung von 1958). Erklärt das Gericht den Vermißten für tot, so muß das Urteil in die Personenstandsbücher eingetragen werden. Wenn der für tot Erklärte später zurückkehrt, erhält er sein Vermögen (gem. Art. 130 C. c.) zurück, nachdem das Todeserklärungsurteil aufgehoben wurde. Der früher bestehende eheliche Güterstand tritt nach Art. 92 C. c. wieder in Kraft; eine etwa vom Ehepartner geschlossene zweite Ehe wird nichtig.

*c) Rechtliche Bedeutung
  von Eigenschaften einer natürlichen Person*

Alter, Gesundheit, Geschlecht, Rasse und Staatsangehörigkeit können im Rechtsleben eine gewisse Rolle spielen. Alter und Geschlecht des Menschen werden durch die Geburtsurkunde bewiesen. Der Minderjährige ist bis zum 21. Lebensjahr grundsätzlich geschäftsunfähig, kann aber vom 18. Lebensjahr ab emanzipiert werden. Auch in anderer Hinsicht hat das Alter in vielen Fällen Bedeutung: so liegt die Altersgrenze für die Ehefähigkeit des Mannes und der Frau bei 18 bzw. 15 Jahren. Mit 16 Jahren ist man testierfähig und strafrechtlich voll verantwortlich; 35 Jahre ist das Mindestalter für die Adoption usw. Jeder altersschwache oder sonstwie physisch oder psychisch beeinträchtigte Mensch kann gerichtlich geschützt werden (siehe unten).

Infolge des Gleichberechtigungsgrundsatzes spielen Geschlechtsunterschiede heute fast keine Rolle mehr. Im Eherecht sind allerdings noch einzelne Überbleibsel der traditionellen vorherrschenden Stellung des Mannes zu finden. Können sich z. B. Eheleute nicht über die Wahl des Wohnsitzes einigen, so hat der Mann das letzte Wort; seine Entscheidung unterliegt jedoch der gerichtlichen Kontrolle, zu der es allerdings selten kommt. Die Ehefrau hat ihren gesetzlichen Wohnsitz bei ihrem Mann. Im gesetzlichen ehelichen Güterstand verwaltet der Mann allein das Gesamtgut (Art. 1421 C. c.).

Im Gegensatz zur Rasse, die im C. c. nirgends erwähnt wird, kann in gewissen Fällen die Staatsangehörigkeit eine Rolle spielen. Ursprünglich wurde der C. c. in erster Linie für den französischen Bürger abgefaßt. Laut Art. 11 C. c. genießt der Ausländer in Frankreich dieselben bürgerlichen Rechte, die einem Franzosen im Heimatstaat des Ausländers eingeräumt werden. Infolge dieses Gegenseitigkeitsprinzips (principe de réciprocité) und zahlreicher internationaler Verträge hat der Ausländer im allgemeinen in Frankreich volle Rechtsfähigkeit. Angehörige von EWG-Staaten können ohne weiteres ein Handelsgewerbe ausüben, während für sonstige Ausländer eine Gewerbegenehmigung mittels einer besonderen Gewerbekarte gefordert wird. Das Recht zu heiraten, die elterliche Gewalt auszuüben und Verträge zu schließen, steht jedem Ausländer zu. Insgesamt kann man sagen, daß der Ausländer alle privaten Rechte genießt, von denen er nicht ausdrücklich ausgeschlossen ist. Als solche Ausnahme ist zu erwähnen, daß ein Fremder in Frankreich keinen Wohnsitz haben kann, solange er dazu keine besondere Genehmigung erhalten hat. Diese Ausnahme beruht auf der von den Gerichten vorgenommenen Auslegung des Art. 102 C. c., der nur einen Wohnsitz von Franzosen vorsieht. Ferner ist die Abwehrstellung der Verfasser des C. c. gegen Ausländer noch heute in Art. 3 C. c. erkennbar. Ein Ausländer kann immer, selbst wenn er sich nicht in Frankreich aufhält, wegen der Erfüllung der von ihm gegenüber einem Franzosen eingegangenen Verbindlichkeiten vor französische Gerichte geladen werden (Art. 14 C. c.). Umgekehrt kann ein Franzose wegen der von ihm im Ausland selbst gegenüber einem Ausländer eingegangenen Verbindlichkeiten vor ein französisches Gericht geladen werden. Diese Sonderregeln über die Zuständigkeit der Gerichte finden heute fast keine Anwendung mehr. Doch ist auch Art. 16 C. c. immer noch in Kraft: Ausländer haben in allen Sachen, in welchen sie als Kläger auftreten, Sicherheit für die Prozeßkosten und etwaige Schadensersatzansprüche zu leisten, sofern sie nicht in Frankreich genügende Grundstücke besitzen. Auf Verlangen eines französischen Beklagten ist der ausländische Kläger also zur Stellung der sogenannten „cautio judicatum solvi" verpflichtet. Die Angehörigen vieler Staaten sind aber aufgrund internationaler Abkommen hiervon befreit.

Um das Privatleben jedes Menschen, sei er Franzose oder Ausländer, zu schützen, kann gemäß Art. 9 C. c. (in der Fassung des Gesetzes vom 17. 7. 1970) jeder Angriff auf die Privatsphäre (insbesondere Angriffe durch Massenmedien, Presse, Kino, Radio usw.) durch gerichtlich anzuordnende Maßnahmen abgewehrt werden. Danach kann sogar die Beschlagnahme des Angriffsmittels (Zeitung, Film) angeordnet werden. In dringenden Fällen ist für solche Maßnahmen der Einzelrichter („Juge des Référés") zuständig.

d) Namensrecht

Der C. c. enthält weder eine Definition des Namens noch eine allgemeine Regelung des Namensrechts; nur in einigen Abschnitten des Personenstands- und Familienrechts wird der Name gelegentlich erwähnt. Als Kennzeichen einer Person im Rechtsleben besteht er aus mindestens zwei Teilen, dem Familiennamen und dem Vornamen. Der Familienname heißt: „nom patronymique", weil jedes ehelich geborene Kind den Namen des Vaters, d. h. den Namen des Ehemanns der Mutter erhält. Der Name des unehelichen Kindes hängt von seiner freiwilligen Anerkennung oder gerichtlichen Feststellung der Vaterschaft ab: es bekommt den Familiennamen desjenigen Elternteils, zu dem die Abstammung zuerst festgestellt worden ist. Im Falle einer gleichzeitigen Anerkennung durch beide Eltern erhält das Kind den Namen seines Vaters (Art. 334-1 C. c.). Das nicht anerkannte Kind erhält den Namen der Mutter, wenn ihr Familienname in der Geburtsurkunde angegeben wird. Laut Gesetz vom 3. Januar 1972 wird dieser Muttername Bestandteil des „Standesbesitzes" („possession d'état"), was gesetzlich als Anerkennung seitens der Mutter gilt. Der Familienname wird auch durch Legitimation und Volladoption erworben. Im C. c. wurde der Name der Ehefrau nicht unmittelbar geregelt; es beruht auf Gewohnheitsrecht, daß die Frau den Familiennamen ihres Mannes annimmt. Es kommt auch vor, daß die Frau dem Namen des Mannes ihren Mädchennamen hinzufügt und damit einen Doppelnamen führt. In öffentlichen Urkunden wird stets der Mädchenname zuerst angegeben; es folgt dann der Zusatz „Ehefrau (oder Witwe) von . . .". Die geschiedene Ehefrau darf den Namen ihres früheren Ehemannes nicht mehr führen (Art. 299 C. c.); einer getrenntlebenden Frau kann das Gericht verbieten, den Familiennamen ihres Mannes weiterzuführen (Art. 310-1 C. c.). Das verlassene Kind sowie das Findelkind erhalten Familiennamen und Vornamen vom Standesamt.

Eine willkürliche Veränderung des Familiennamens ist verboten. Erforderlichenfalls kann der Name im Verwaltungsweg durch Dekret der Regierung geändert werden. Dafür sind zwei Verfahren gesetzlich vorgesehen: das erste ist durch ein Gesetz von 1803 geregelt und findet vor allem Anwendung, wenn der Familienname lächerlich erscheint. Das zweite, vereinfachte Verfahren wurde erst nach dem 2. Weltkrieg geschaffen: es bezweckt die Französisierung von Namen naturalisierter oder neu eingebürgerter Franzosen.

Obwohl der Familienname als absolutes Recht der Familienmitglieder angesehen wird, ist der Name unveräußerlich. Der Familienname kann auch nicht durch Ersitzung oder Verjährung erworben werden, verändert werden oder verlorengehen. Jedes Familienmitglied kann gegen eine widerrechtliche Benutzung des Namens zivilrechtlich oder strafrechtlich vorgehen.

Vorname

Jedermann muß mindestens einen in der Geburtsurkunde angegebenen Vornamen führen. Die Wahl der Vornamen steht den Eltern zu. Im Falle eines berechtigten Interesses kann der Vorname durch Urteil des Tribunal de grande instance geändert werden (Art. 57 C. c.). Ausländern ist die Führung eines Pseudonyms nicht gestattet. Im Falle einer Adoption kann der Vorname eines volladoptierten Kindes auf Antrag der Annehmenden durch das Gericht geändert werden (Art. 357 C. c.).

e) Der Wohnsitz

Art. 102 C. c. definiert den Wohnsitz wie folgt: „Der Wohnsitz eines Franzosen ist, soweit es sich um die Ausübung seiner bürgerlichen Rechte handelt, dort, wo er seine Hauptniederlassung hat". Neben diesem bürgerlichen Wohnsitz gibt es mehrere Arten von „domiciles", die verschieden sein können. Der politische Wohnsitz ist derjenige Ort, an dem der Bürger seine politischen oder staatsbürgerlichen Rechte ausüben darf, z. B. wo der Bürger an den politischen Wahlen teilnehmen darf. Der steuerrechtliche Wohnsitz liegt da, wo der Bürger seine Steuererklärung abgeben und die Steuern bezahlen muß. Im folgenden wird nur von dem Wohnsitz im Sinne des Privatrechts gesprochen. Dieser kann nach Art. 102 C. c. nur an einem einzigen Ort liegen: an dem der „Hauptniederlassung". Der Wohnsitz darf aber nicht mit dem Aufenthaltsort (résidence) verwechselt werden. Der bürgerlich-rechtliche Wohnsitz ist der Ort, an dem das Gesetz eine Person hinsichtlich aller ihrer bürgerlichen Rechte und Pflichten als ununterbrochen gegenwärtig ansieht. Nur wenn der Wohnsitz einer Person nicht bekannt ist, tritt der Ort ihres ständigen Aufenthalts an dessen Stelle. Der Wohnsitz ist entweder ein tatsächlicher oder ein gesetzlicher. Der tatsächliche Wohnsitz befindet sich dort, wo der

Bürger für gewöhnlich wohnt, seinen Beruf ausübt oder sein eigenes Haus hat. Bestehen Zweifel über den Wohnsitz, so entscheidet im Streitfalle der Tatsachenrichter; eine Nachprüfung des Wohnsitzes durch den Kassationshof ist ausgeschlossen. Jeder Franzose hat das Grundrecht, seinen Wohnsitz frei zu wählen und zu verändern. Er kann nicht aus dem französischen Staatsgebiet ausgewiesen werden. Gesetzlich sind einige Förmlichkeiten für die Änderung des Wohnsitzes vorgesehen (Art. 104 C. c.), die aber außer Gebrauch (in desuetudinem) geraten sind.

Für gewöhnlich beruht der Wohnsitz auf der bloßen Tatsache, daß eine Person sich an einem Ort in der Absicht niedergelassen hat, sich dort fortdauernd aufzuhalten. Die Umstände beweisen die Absicht. Nach Art. 107 ff. C. c. haben aber bestimmte Personen einen gesetzlichen Wohnsitz, der nicht frei wählbar ist. Die Ehefrau teilt den Wohnsitz ihres Mannes. Der C. c. bestimmt, daß dem Mann die Entscheidung über die Wahl des Wohnortes zusteht. Wenn aber dieser Ort irgendeine Gefahr für die Familie mit sich bringt, kann das Gericht der Frau einen anderen Aufenthalt gestatten (Art. 215 C. c.). Die durch gerichtliches Urteil von Tisch und Bett getrennte Ehefrau hat einen selbständigen Wohnsitz (Art. 108 C. c.). Der nicht emanzipierte Minderjährige hat einen gesetzlichen Wohnsitz bei seinen Eltern oder seinem Vormund. Volljährige, die bei anderen in Dienst oder Arbeit stehen, haben denselben Wohnsitz wie die Person, der sie dienen oder bei der sie arbeiten, sofern sie mit ihr in demselben Hause wohnen. Der auf Lebenszeit ernannte Beamte, Richter oder Universitätsprofessor hat seinen Wohnsitz da, wo er sein Amt auszuüben hat. Schiffer und Fuhrleute, die keinen ständigen Aufenthaltsort haben, müssen aus einem besonderen Gemeindeverzeichnis ihren Wohnsitz wählen.

Der Wohnsitz ist in verschiedener Hinsicht von rechtlicher Bedeutung. Er bestimmt grundsätzlich den Erfüllungsort von Verbindlichkeiten und die örtliche Zuständigkeit der Gerichte. Mahnungen, Zahlungsaufforderungen sowie gerichtliche Ladungen können regelmäßig am Wohnsitz zugestellt werden, wenn der Betreffende nicht persönlich angetroffen werden kann. Der

Wohnsitz bestimmt auch den Ort, an welchem die Erbschaft eröffnet wird (Art. 110 C. c.). Im Familienrecht spielt der Wohnsitz, manchmal in Verbindung mit dem Aufenthalt, eine erhebliche Rolle.

Neben dem gewöhnlichen Wohnsitz sieht Art. 111 C. c. ein Wahldomizil vor, das für Rechtsgeschäfte und Prozesse von den Parteien gewählt werden kann. Die Wahl eines solchen fiktiven Wohnsitzes fällt regelmäßig auf ein Anwalts- oder Notarbüro, das für die Annahme aller die Angelegenheiten betreffenden Ladungen zuständig wird.

f) Das Vermögen

Jede Person hat nicht nur einen Namen und einen Wohnsitz, sondern auch ein Vermögen. Darunter versteht man die Gesamtheit aller in Geld bewertbarer gegenwärtiger und künftiger Güter einer Person. Das Vermögen besteht aus Aktiven und Passiven. Die Aktiven umfassen dingliche Rechte und Forderungen, die Passiven die Schulden. Die Aktiven dienen zur Tilgung der Schulden; das Vermögen des Schuldners ist das gemeinschaftliche Pfand seiner Gläubiger (Art. 2093 C. c.). Die klassische Theorie von der Einheit des Vermögens wird heute in der Rechtslehre häufig angegriffen; mit wenigen Ausnahmen wird sie jedoch immer noch von der Gesetzgebung und der Rechtsprechung vertreten.

Das Vermögen ist von seinem Inhaber untrennbar, solange er lebt. Nach seinem Tode vermischt es sich mit dem Vermögen des Erben. Es besteht dann nur noch ein einziges Vermögen: das Vermögen des Erben. Der Grundsatz der Einheit des Vermögens erfährt jedoch eine Ausnahme: Laut Art. 878 C. c. können die Gläubiger des Erblassers die Absonderung des Vermögens des Verstorbenen von demjenigen des Erben verlangen. Das Absonderungsrecht (bénéfice de séparation des patrimoines) bezweckt den Schutz der Gläubiger des Erblassers, wenn der Erbe zahlungsunfähig ist. Den Gläubigern des Verstorbenen gegenüber gilt dann sein Vermögen als weiterbestehend. Unter Lebenden sind Rechtsgeschäfte über das Vermögen als ganzes unmöglich. Der Kauf einer noch nicht eröffneten Erbschaft ist nichtig (Art. 1130 C. c.). So lange der Träger des Vermögens lebt, kann er bloß einzelne Vermögenswerte veräußern.

g) Vormundschaft und Pflegschaft

Unter Vormundschaft versteht man eine gesetzliche Einrichtung von Schutz- und Vertretungsmaßnahmen für nicht emanzipierte Minderjährige und für geschäftsunfähige Volljährige. Eheliche oder nichteheliche Kinder, die noch mindestens ein Elternteil haben, stehen nicht unter Vormundschaft; hier greift vielmehr die elterliche Verwaltung des Kindesvermögens mit oder ohne Kontrolle des Vormundschaftsrichters ein. Zur Vormundschaft kommt es erst, 1. wenn beide Eltern verstorben sind, 2. wenn sie die elterliche Gewalt wegen Unfähigkeit, Bestrafung oder infolge von Entziehung verloren haben, 3. wenn es sich um ein nicht anerkanntes nichteheliches Kind handelt (Art. 390 C. c.).

aa) Vormundschaft über Minderjährige

Organe der Vormundschaft

Die Vormundschaft besteht aus vier Organen, dem Vormund, dem Gegenvormund, dem Familienrat und dem Vormundschaftsrichter. Der Vormund kann in verschiedenen Verfahren ernannt werden. 1. Eine testamentarische oder notariell beurkundete Willenserklärung eines Elternteils kann den Vormund bestimmen. 2. Fehlt eine solche Benennung, so fällt die Vormundschaft an den gradnächsten Aszendenten. Wenn mehrere Aszendenten gleichen Grades vorhanden sind, wählt der Familienrat unter diesen den Vormund aus. 3. Bei Fehlen von Aszendenten muß der Familienrat den Vormund bestimmen (Art. 397 ff. C. c.). Die Benennung des Vormunds gilt für die Dauer der Vormundschaft; der Vormund kann aber aus bestimmten Gründen (entschuldigte Ablehnung des Amtes, Unfähigkeit oder Entlassung) ersetzt werden. Die Vormundschaft ist ein öffentliches und höchstpersönliches Amt (Art. 427 C. c.). Der C. c. bestimmt, aus welchen Gründen die Übernahme des Amtes abgelehnt werden kann (Art. 428 C. c.): z. B. wegen Krankheit, Greisenalters, zu weit entfernten Wohnsitzes. Minderjährige, Geistesgestörte und Vorbestrafte können nicht Vormund werden. Der Familienrat muß aus seiner Mitte den Gegenvormund ernennen. Dessen Aufgabe besteht darin, den Vormund zu überwachen und die Interessen des Minderjährigen zu vertreten, wenn diese mit denen des Vormundes in Widerspruch stehen (Art. 420 C. c.). Der durch den Vormundschaftsrichter ernannte Familienrat besteht aus 4 bis 6 Mitgliedern, nämlich Verwandten, Verschwägerten, aber auch Freunden und Nachbarn der Familie. Der erst 1964 eingeführte Vormundschaftsrichter ist Vorsitzender des Familienrats; bei Stimmengleichheit gibt seine Stimme den Ausschlag (Art. 415 C. c.). Er darf sogar in dringenden Fällen selbst entscheiden (Art. 414 C. c).

Führung der Vormundschaft

Der Vormund ist mit Betreuung der Person und Verwaltung des Vermögens des Kindes beauftragt. Er ist für sämtliche Rechtsgeschäfte gesetzlicher Vertreter seines Mündels. Die wichtigsten Rechtsgeschäfte darf er nur mit Zustimmung des Familienrats oder Vormundschaftsrichters vornehmen. Binnen 10 Tagen nach seiner Ernennung muß er ein Inventar über das Vermögen des Minderjährigen aufnehmen lassen. Inhaberpapiere des Mündels müssen in Namenspapiere umgewandelt oder bei einer Bank auf den Namen des Mündels deponiert werden. Der Vormund hat das Vermögen des Mündels „als guter Hausvater" zu verwalten. Rechtsgeschäfte, die er als Vertreter vornehmen kann, sind entweder Verwaltungsgeschäfte (actes d'administration) oder Veräußerungsgeschäfte (actes de disposition). Die ersteren sind die üblichen Verträge des täglichen Lebens, die das Vermögen in seiner Substanz nicht beeinträchtigen können: der Vormund darf sie ohne weiteres abschließen. Für wichtigere Rechtsgeschäfte, wie vor allem Veräußerungsgeschäfte (Art. 457 C. c.), ist die Genehmigung des Familienrats erforderlich. Zu dieser Kategorie gehören in erster Linie der Verkauf und die dingliche Belastung eines Grundstücks oder eines Handelsunternehmens sowie die Veräußerung von Wertpapieren oder wertvollen Möbeln (Art. 457 C. c.). Der Vormund ist zur Rechnungslegung verpflichtet (Art. 469 C. c.). Jede Klage des Minderjährigen gegen seinen Vormund wegen der vormundschaftlichen Verwaltung verjährt in 5 Jahren von

der Volljährigkeit an gerechnet; hierbei wird eine eventuelle
vorzeitige Emanzipation nicht berücksichtigt (Art. 475 C. c.).
Der Vormundschaftsrichter hat die Aufsicht über die Führung
der Vormundschaft. Wenn ihm oder seinem Gerichtsschreiber
ein Verschulden vorzuwerfen ist, ist der Staat dem Mündel gegenüber allein schadensersatzpflichtig (Art. 473 C. c.).

bb) Schutzmaßnahmen für geschäftsunfähige Volljährige

Das Gesetz vom 3. Januar 1968 (Art. 488 C. c.) hat die Maßnahmen des Erwachsenenschutzes völlig neu geregelt. Es sind
drei Schutzmaßnahmen (gerichtliche Schutzbetreuung, Vormundschaft und Pflegschaft) vorgesehen, welche von der even-
tuell erforderlichen ärztlichen Behandlung der Person ganz unabhängig sind (Art. 490-1 C. c.). Die Schutzmaßnahmen betreffen ausschließlich vertragliche Rechtsgeschäfte: wer durch
eine unerlaubte Handlung einen Schaden verursacht, bleibt zivilrechtlich haftbar und schadensersatzpflichtig, selbst wenn er
unter gerichtlichem Schutz steht (Art. 489-2 C. c.). Diese Bestimmung stellt eine grundsätzliche Änderung der bisherigen
Regeln des französischen Rechts dar; sie wird als ein entschlos-
sener Schritt in Richtung auf eine allgemeine objektive Haftung angesehen. Ohne Rücksicht auf die im Einzelfall vom
Gericht verhängte Schutzmaßnahme gelten folgende allgemeinen Rechtssätze:

(1) Voraussetzung zur Gewährung gerichtlicher Schutzmaßnahmen ist die Verminderung der persönlichen Fähigkeiten; es
kann sich um Beeinträchtigungen der geistigen Fähigkeiten aus
physischen oder psychischen Gründen handeln (Art. 490 C. c.).
Aber auch der Volljährige, der infolge von Verschwendungs-
sucht, Unmäßigkeit oder Müßiggang die eigene Person gefährdet oder die Erfüllung seiner familiären Pflichten in Frage
stellt, kann geschützt werden (Art. 488 C. c.).

(2) Die von einem Geistesgestörten abgeschlossenen Rechtsgeschäfte sind grundsätzlich unwirksam (Art. 489 C. c.).

(3) Die mit dem Schutz von Volljährigen betrauten Personen
sind der Vormundschaftsrichter, der Staatsanwalt, der behan-
delnde Arzt sowie der Vormund oder Pfleger.

(4) Ohne Rücksicht auf die verhängte Schutzmaßnahme sind besondere Regeln zur Erhaltung der Wohnung, der Einrichtung und der persönlichen Gebrauchsgegenstände des Geistesgestörten vorgesehen (Art. 490-2 C. c.).

Die gerichtliche Schutzbetreuung
(placement sous sauvegarde de justice)

Nach Art. 491 C. c. besteht für einen nur vorübergehend geistig gestörten Volljährigen, welcher der Hilfe bei der Bewältigung von Rechtsgeschäften bedarf, die Möglichkeit der gerichtlichen Schutzbetreuung. Grundsätzlich soll diese Maßnahme nur provisorisch und vorübergehend angeordnet werden. Der Betreffende kann z. B. während der Dauer einer ärztlichen Behandlung oder solange keine endgültige Entscheidung über Vormundschaft oder Pflegschaft gefallen ist, auf diese Weise geschützt werden. Die gerichtliche Schutzbetreuung hat zur Voraussetzung eine formelle Erklärung eines Arztes an die Staatsanwaltschaft. Die Tätigkeit des Staatsanwalts beschränkt sich auf die Registrierung dieser Erklärung. Im Falle eines schwebenden Pflegschafts- oder Vormundschaftsverfahrens kann auch der Vormundschaftsrichter die betreffende Person provisorisch unter Schutzbetreuung stellen (Art. 491-1 C. c.). Gegen die Entscheidung ist keine Beschwerde möglich.

Die der Schutzbetreuung unterstellte Person behält ihre volle Geschäftsfähigkeit. Wenn sie aber wirtschaftlich nachteilige Rechtsgeschäfte abschließt, ist die Möglichkeit einer Klage auf Vertragsauflösung (action en rescision) oder auf Minderung der versprochenen Leistung (action en réduction) vorgesehen (Art. 491-2 C. c.). Diese Klage, die im französischen Recht eine bedeutende Ausnahme darstellt, verjährt in 5 Jahren. Sie setzt entweder eine erhebliche Differenz zwischen Leistung und Gegenleistung oder die Überflüssigkeit des Vertrages, gemessen an Bedarf und Vermögen des Geschützten, voraus. Wegen der eng begrenzten Publizität der Schutzbetreuung kann die Klage auf Vertragsauflösung oder Minderung eine bedenkliche Beeinträchtigung der Verkehrssicherheit bedeuten. Die Klage ist natürlich ausgeschlossen, wenn die Rechtsgeschäfte des Betreffenden durch einen Bevollmächtigten geschlossen waren, was das Gesetz ausdrücklich vorsieht.

cc) Vormundschaft über Volljährige (Tutelle)

Wenn ein geistesgestörter Volljähriger eine dauernde Vertretung zum Abschluß von Rechtsgeschäften benötigt, muß er unter Vormundschaft gestellt werden (Art. 492 C. c.). Das Antragsrecht dazu besitzen der Ehegatte, Aszendenten, Deszendenten und Geschwister, der Vormundschaftsrichter, der Staatsanwalt und der Pfleger, wenn der Betreffende, dessen Zustand sich verschlimmert hat, sich schon unter Pflegschaft befand; schließlich auch der zu schützende Volljährige selbst. Zuständig ist der Vormundschaftsrichter (Art. 493 C. c.). Ein Gutachten eines Facharztes ist erforderlich (Art. 493-1 C. c.). Vormund wird der Ehegatte, wenn die eheliche Lebensgemeinschaft weiterbesteht; anderenfalls wird der Vormund vom Vormundschaftsrichter ernannt. Sogar eine juristische Person kann mit der Vormundschaft betraut werden (Art. 496 C. c.). Der Vormund ist gesetzlicher Vertreter des Geistesgestörten, der durch Anordnung der Vormundschaft geschäftsunfähig wird. Nach Eintritt der Vormundschaft sind alle von dem Geistesgestörten selbst abgeschlossenen Rechtsgeschäfte von Rechts wegen nichtig (nuls de droit, Art. 502 C. c.). Die vor Anordnung der Vormundschaft abgeschlossenen Rechtsgeschäfte können für nichtig erklärt werden, wenn der Geschützte im Zeitpunkt des Vertragsschlusses schon geistesgestört war und nicht einen lichten Augenblick gehabt hatte (Art. 503 C. c.). Der Richter kann Rechtsgeschäfte bezeichnen, welche der Geistesgestörte in lichten Augenblicken selbst abschließen kann (Art. 501 C. c.). Mit Genehmigung des Familienrats ist auch die Eheschließung möglich (Art. 506 C. c.). Als Publizitätsmittel ist die Verzeichnung der Vormundschaft mittels eines Randvermerkes auf der im Personenstandsbuch geführten Geburtsurkunde des Geschützten vorgeschrieben. Dritten gegenüber gilt die „ipso jure-Nichtigkeit" der Rechtsgeschäfte erst zwei Monate nach dieser Veröffentlichung (Art. 493-2 C. c.).

Der Vormund verwaltet das Vermögen des Entmündigten ähnlich wie bei der Vormundschaft über **Minderjährige:**

Rechtsgeschäfte des täglichen Lebens kann er allein abschließen, während Veräußerungsgeschäfte der Genehmigung des Familienrates oder des Vormundschaftsrichters bedürfen (Art. 495 C. c.).

dd) Die Pflegschaft über geistesgestörte Volljährige (Curatelle)

Wenn der Volljährige keiner ständigen Vertretung, sondern bloß fortdauernder Beratung und Unterstützung bedarf, so wird er unter Pflegschaft gestellt (Art. 508 C. c.). Der Ehegatte oder der von dem Vormundschaftsrichter ernannte Pfleger ist das einzige Organ dieser Institution (Art. 509-1). Der Volljährige, der sich unter Pflegschaft befindet, ist nur teilweise geschäftsunfähig: Die wichtigsten Rechtsgeschäfte (z. B. Veräußerung eines Grundstücks oder eines Handelsunternehmens) kann er nur unter Mitwirkung des Pflegers abschließen. Verweigert der Pfleger seine Mitwirkung, so kann die Genehmigung des Vormundschaftsrichters beantragt werden (Art. 510 C. c.). Verträge, welche der Pflegling allein schließen darf, können jedoch mit der Auflösungs- oder Minderungsklage angefochten werden.

B. Familienrecht

Die Familie wird durch Eheschließung begründet. Aber neben der ehelichen Familie hat sich allmählich das Konzept einer „natürlichen" Familie durchgesetzt.

1. Eherecht

Der C. c. enthält keine Definition der Ehe. Sie wird jedoch, wie in anderen Ländern, als die rechtlich anerkannte Verbindung von Mann und Frau zu dauernder Lebensgemeinschaft angesehen. Ein Teil der Lehre bezeichnet die Ehe als Institution; jedoch haben die Verfasser des C. c. angeordnet, daß die Eheschließung durch einen feierlichen zivilrechtlichen Vertrag zustandekommt. Infolge des Grundsatzes der absoluten Freiheit der Eheschließung ist ein Verlöbnis nicht nur unnötig, sondern auch unverbindlich, d. h. ohne vertragliche Wirkung. Aber der grundlose Verlöbnisbruch ist eine unerlaubte Handlung. Wenn ein regelrechtes Verlöbnis und schuldhafter Verlöbnisbruch bewiesen werden, kann die schuldlose Partei Schadensersatz für materiellen wie auch für immateriellen Schaden erhalten. Auf jeden Fall sind bei Auflösung des Verlöbnisses die Geschenke zurückzugeben.

a) Voraussetzungen der Eheschließung

Die Eheschließung ist von verschiedenen materiellen und förmlichen Voraussetzungen abhängig.

(1) Die erste materielle Voraussetzung ist die Geschlechtsverschiedenheit der Ehepartner; sie ist in Art. 144 C. c. stillschweigend vorausgesetzt. Ist diese Voraussetzung nicht vorhanden, so liegt eine Nichtehe vor.

(2) Die zweite Voraussetzung ist die Einwilligung der Verlobten (Art. 146 C. c.). Wer zur Zeit der Eheschließung infolge Geisteskrankheit, Geistesschwäche oder Trunksucht nicht weiß, was er tut, kann keine rechtlich wirksame Einwilligungserklärung abgeben; die Ehe wäre mit einem absoluten Nichtigkeitsgrund behaftet. Die Eheschließungserklärung muß auch auf Gründung einer Lebensgemeinschaft abzielen; Ehen, die ausschließlich zum Zwecke der Erlangung eines Namens oder einer Staatsangehörigkeit geschlossen werden, sind nichtig.

(3) Die Willensbildung muß einwandfrei sein. Bei Abschluß eines Vertrages kommen im allgemeinen drei Willensmängel in Betracht: Irrtum, Täuschung und Drohung. Bei der Eheschließung spielt die Täuschung insofern keine Rolle, als nach einem traditionellen Sprichwort des 16. Jahrhunderts bei der Eheschließung jede Täuschung gestattet ist. Ein Irrtum ist nur in den seltenen Fällen beachtlich, in welchen er die Identität der Person betrifft (Art. 180 C. c.). Der Irrtum über einzelne Eigenschaften oder tatsächliche Beziehungen wie Unbescholtenheit, Straflosigkeit, Religion, Vermögen usw. ist rechtlich bedeutungslos. Dagegen ist der Irrtum über die Beiwohnungsfähigkeit als rechtserheblich angesehen worden. Die widerrechtliche Drohung kann ein Grund zur Nichtigerklärung der Ehe sein, wenn sie für die Einwilligung in die Eheschließung kausal geworden ist. Die bloße ehrerbietige Furcht vor Vater, Mutter oder anderen Aszendenten genügt für die Nich-

tigerklärung der Ehe nicht, wenn kein materieller Zwang ausgeübt worden ist (Art. 1114 C. c.).

(4) Die Ehefähigkeit beginnt beim Mann mit 18, bei der Frau mit 15 Jahren. Von dem erforderlichen Alter kann der Staatsanwalt aus wichtigem Grunde (z. B. Schwangerschaft der Braut) Dispens erteilen (Art. 145 C. c.). Sonst gibt es keine Altersgrenze: die Eheschließung „in extremis" ist gültig, solange der Greis bei Verstand ist, da die Fortpflanzung kein notwendiger Zweck der Ehe ist.

(5) Die Doppelehe ist verboten: nur ledige, verwitwete oder endgültig geschiedene Personen dürfen heiraten (Art. 147 C. c.). Die Doppelehe ergibt einen absoluten Nichtigkeitsgrund und ist unter dem Namen „Bigamie" als Verbrechen strafbar. Wenn ein für tot erklärter Verschollener zurückkehrt, dessen Ehegatte eine zweite Ehe eingegangen ist, lebt die erste Ehe wieder auf (Art. 92 C. c.).

(6) Nach dem Prinzip der Exogamie gibt es Eheverbote wegen Verwandtschaft und Schwägerschaft. Die Ehe ist zwischen Verwandten in grader Linie (Art. 161 C. c.) und zwischen Geschwistern (Art. 162 C. c.) verboten, auch wenn es sich um eine uneheliche Verwandtschaft handelt. In der Seitenlinie ist die Ehe ferner zwischen Onkel und Nichte sowie zwischen Tante und Neffe verboten (Art. 163 C. c.); aber in diesen Fällen ist ein Dispens möglich. Dispens wird vom Präsidenten der Republik erteilt (Art. 164 C. c.).

(7) Minderjährige, auch wenn sie emanzipiert sind, brauchen zur Eheschließung die Zustimmung ihrer Eltern und, wenn diese nicht mehr vorhanden oder verhindert sind, der Großeltern. Wenn beide Eltern nicht einig sind, genügt die Zustimmung eines Teils. Verweigerung der Zustimmung berechtigt nicht zur Klage (Art. 148 ff. C. c.). Sind weder Eltern noch Großeltern vorhanden oder sind diese verhindert, ihre Zustimmung zu erklären, so ist die Zustimmung des Familienrats einzuholen (Art. 159 C. c.). Unter Pflegschaft gestellte Personen bedürfen der Einwilligung ihres Pflegers, hilfsweise des Vormundschaftsrichters (Art. 514 C. c.). Erwachsene unter Vormundschaft brauchen die Zustimmung des Familienrats (Art.

506 C. c.). Ist die Geschäftsfähigkeit eines Volljährigen sonst beeinträchtigt, so kann er die Ehe auch ohne Zustimmung Dritter eingehen, wenn die Eheschließungserklärung in einem „lichten" Augenblick abgegeben worden ist, in welchem er sich über die Tragweite seiner Erklärung klar war.

(8) Die verwitwete oder geschiedene Frau darf nicht vor Ablauf von 300 Tagen nach Auflösung ihrer früheren Ehe wieder heiraten (Art. 228 C. c.). Dieses Ehehindernis bezweckt, eventuelle Zweifel über die Vaterschaft eines Kindes zu beseitigen. Wenn keine einschlägigen Zweifel bestehen können, kann der Präsident des zuständigen Gerichts Dispens erteilen. Der Ehebruch hindert die Ehe zwischen den Personen, welche die Ehe gebrochen haben, nicht; es kommt vielmehr häufiger vor, daß Ehebrecher nach Scheidung der gebrochenen Ehe einander heiraten.

(9) Zu den förmlichen Voraussetzungen der Ehe gehört das Erfordernis, dem zuständigen Standesamt die nötigen Urkunden vorzulegen, darunter ein ärztliches Zeugnis, das aber nur bestätigt, daß die Brautleute im Hinblick auf eine demnächstige Eheschließung untersucht worden sind. Das Ergebnis der Untersuchung bleibt geheim. Zuständig für die Trauung ist das Bürgermeisteramt am Wohnsitz oder Aufenthalt eines der Verlobten. Der Eheschließung soll ein Aufgebot vorangehen, welches 10 Tage auszuhängen hat (Art. 63 ff. C. c.). Das Aufgebot hat den Sinn, Dritten, welche ein Ehehindernis kennen, die Gelegenheit zum Einspruch gegen die geplante Eheschließung zu geben. Im Falle eines Einspruchs muß der Standesbeamte die Zurückweisung des Einspruchs durch gerichtliche Entscheidung abwarten, bevor die Eheschließung vorgenommen werden kann.

In Frankreich wie in Deutschland herrscht das System der „Zwangszivilehe". Eine Ehe, die nicht vor dem zuständigen Bürgermeister, sondern vor einem Geistlichen geschlossen worden ist, ist der Nichtigkeitsklage ausgesetzt. Die Zivilehe muß einer kirchlichen Trauung vorausgehen; sonst macht sich der trauende Geistliche strafbar. Die Eheschließung ist ein höchstpersönliches Rechtsgeschäft, das jede Vertretung ausschließt.

Sie erfolgt dadurch, daß beide Parteien vor dem Bürgermeister und den Zeugen erklären, die Ehe miteinander eingehen zu wollen. Dann spricht der Bürgermeister im Namen des Gesetzes aus, daß die Verlobten nun miteinander verheiratet sind; die Eheschließungsurkunde ist sofort auszustellen (Art. 75 C. c.). Für die Eheschließung ist nicht nur die Erklärung der Verlobten, sondern auch die des Bürgermeisters wesentlich.

b) Die persönlichen Ehewirkungen

Grundsätzlich sind Mann und Frau gleichberechtigt. Die Ehegatten sind einander Treue, Hilfe und Beistand schuldig (Art. 212 C. c.). Ehebruch ist nicht nur ein absoluter Scheidungsgrund, sondern auch eine strafbare Handlung. Ehegatten sind einander nicht nur unterhaltspflichtig; vielmehr soll jeder Ehegatte dem anderen, wenn er krank ist, auch helfen. Nach Art. 213 C. c. in der Fassung des Gesetzes vom 4. Juni 1970 sind beide Ehegatten gemeinsam zur moralischen Führung und materiellen Unterstützung der Familie sowie zur Erziehung der Kinder verpflichtet. Art. 215 C. c. regelt die Pflicht zur ehelichen Lebensgemeinschaft. Den Familienwohnsitz haben beide Ehegatten gemeinsam festzusetzen. Können die Ehegatten sich nicht einigen, so entscheidet der Mann. Wenn aber der von ihm gewählte Wohnsitz schwere Nachteile für die Familie mit sich bringt, so kann die Ehefrau gerichtlich von der Verpflichtung zur ehelichen Lebensgemeinschaft befreit werden. Jedem der Ehegatten steht ein gleiches Recht zur Berufswahl zu (Art. 223 C. c. in der Fassung von 1965). Die verheiratete Frau führt zwar gewöhnlich den Namen ihres Mannes, hat jedoch kein gesetzliches Recht hierzu. In allen öffentlichen Urkunden wird sie mit ihrem Mädchennamen bezeichnet. In den Artikeln 214 ff. sind die allgemeinen Vermögensverhältnisse der Eheleute ohne Rücksicht auf ihren Güterstand näher geregelt. Die Lasten der Haushaltskosten hat in erster Linie der Mann zu tragen. Die Frau erbringt ihren Beitrag zu den Kosten der gemeinsamen Lebensführung durch die Mitgift, eigenes Einkommen (z. B. Lohneinkommen), Tätigkeit im Haushalt oder Mitarbeit im Beruf des Mannes. Im Gegensatz zur früheren Lösung des C. c., nach welcher die verheiratete Frau nicht mehr selbständig beliebige Geschäfte abschließen konnte, behalten heute beide Ehegatten ihre unbeschränkte Geschäftsfähigkeit. Für die Frau können sich jedoch noch heute einzelne Beschränkungen hinsichtlich wichtiger Rechtsgeschäfte aus dem ehelichen Güterrecht ergeben (Art. 216 C. c.). Nach Art. 220 C. c. kann jeder Ehegatte alleine solche Verträge abschließen, die zur Haushaltsführung oder Erziehung der Kinder erforderlich sind; beide Ehegatten haften aus solchen Geschäften als Gesamtschuldner. Doch ist die gesamtschuldnerische Haftung ausnahmsweise ausgeschlossen bei Abzahlungsgeschäften, denen der andere Ehegatte nicht zugestimmt hat, oder bei Ausgaben, welche mit Rücksicht auf den Zuschnitt des Haushaltes und die Notwendigkeit oder Überflüssigkeit des Geschäfts oder den guten oder bösen Glauben des Vertragspartners offensichtlich übermäßig sind; hier haftet nur der Vertragschließende. Außerdem bedürfen Geschäfte über die Ehewohnung und den Hausrat der Zustimmung des anderen Ehegatten (Art. 215 C. c.).

c) Eheliche Güterstände

Die Ehegatten leben im gesetzlichen Güterstand der Errungenschaftsgemeinschaft, wenn sie nicht vor der Eheschließung durch Ehevertrag etwas anderes vereinbart haben. Nur was nach der Eheschließung entgeltlich erworben worden ist, wird Gesamtgut der Ehegatten; alles andere bleibt für jeden sein Eigengut. Allerdings wird vermutet, daß alles zum Gesamtgut gehört, solange kein (gewöhnlich urkundlich zu führender) Gegenbeweis erbracht ist. Dieses System gilt für Ehegatten, die seit dem 1. Februar 1966 geheiratet haben; für die früher verheirateten Ehegatten bleibt die Fahrnis- und Errungenschaftsgemeinschaft in Kraft. Nicht nur die nach der Eheschließung entgeltlich erworbenen Güter, sondern sämtliche beweglichen Sachen, auch wenn sie den Ehegatten vor ihrer Eheschließung gehörten, werden Gesamtgut.

Der Mann verwaltet das Gesamtgut der Errungenschaftsgemeinschaft allein, ist aber für schlechte Verwaltung haftbar (Art. 1421 C. c.). Bei wichtigen Geschäften wie Schenkung, Verkauf oder Belastung von Grundstücken mit einer Hypothek usw. bedarf er der Zustimmung der Frau (Art. 1422 ff. C. c.).

Im übrigen behält jeder Ehegatte den Genuß und die freie Verwaltung und freie Verfügung hinsichtlich seines Eigenguts (Art. 1428 C. c.). Das Gesamtgut haftet für sämtliche Schulden des Mannes, die nach der Eheschließung entstanden sind. Für Schulden der Frau haftet das Gesamtgut nur in verschiedenen, im Gesetz einzeln aufgezählten Fällen (z. B. Schulden aus unerlaubter Handlung, aus mit Zustimmung des Mannes oder des Gerichts geschlossenen Verträgen, aus Verträgen für den ehelichen Haushalt; Art. 220, 1414 C. c.). Geld gehört regelmäßig zum Gesamtgut. Wenn eine persönliche Schuld aus dem Gesamtgut getilgt wird, wenn also zum Beispiel die Reparatur eines zum Eigengut eines Ehegatten gehörenden Hauses mit Geld aus dem Gesamtgut bezahlt wird, sieht das Gesetz einen Erstattungsanspruch zugunsten des Gesamtgutes vor (Art. 1437 C. c.).

Wollen die Brautleute die Anwendung des gesetzlichen Güterstandes ausschließen oder modifizieren, so müssen sie vor der Eheschließung einen Ehevertrag vor einem Notar schließen (Art. 1394, 1395 C. c.). In diesem Vertrag können die künftigen Ehegatten beliebige Vereinbarungen treffen, sofern diese nicht gegen die guten Sitten oder zwingende Vorschriften des Familienrechts verstoßen (Art. 1387, 1388 C. c.). Im Gegensatz zum alten Recht, nach dem der Güterstand während der Ehe unabänderlich war, hat das Gesetz vom 13. Juli 1965 die Möglichkeit der Wahl eines neuen Güterstandes vorgesehen, allerdings erst nach Ablauf von mindestens 2 Jahren nach der Eheschließung. Auch dazu ist die Errichtung einer notariellen Urkunde und außerdem die Zustimmung des Gerichts erforderlich (Art. 1397 C. c.).

Als vertragliche Güterstände sieht der C. c. die Gütertrennung, die Zugewinngemeinschaft und verschiedene Abwandlungen der Gütergemeinschaft vor. Das Dotalsystem ist seit 1966 abgeschafft. Ein Güterrechtsregister gibt es in Frankreich leider nicht; außer bei Kaufleuten, deren Eheverträge im Handelsregister eingetragen werden können, ist die Publizität hinsichtlich des Güterstandes sehr lückenhaft.

d) Beendigung der Ehe

Die Ehe endet mit dem Tod eines Ehegatten oder infolge Ehescheidung oder Nichtigerklärung. Die Nichtigerklärung der Ehe erfolgt aus Gründen, die vor oder in der Eheschließung selbst liegen; deswegen hat sie Rückwirkung. Im Gegensatz dazu beruht die Scheidung auf Gründen, die nach der Eheschließung eingetreten sind und bedeutet daher eine nur für die Zukunft wirkende Auflösung der Ehe. Außerdem ist die Trennung von Tisch und Bett vorgesehen; sie hebt zwar die eheliche Lebensgemeinschaft auf, läßt aber die Ehe dem Bande nach weiterbestehen.

aa) Nichtigerklärung der Ehe

Der französische Gesetzgeber hat aus dem Kirchenrecht die Unterscheidung von aufschiebenden und trennenden Ehehindernissen übernommen. Die letzteren führen zur „nullité absolue", die jeder Interessierte sowie der Staatsanwalt dreißig Jahre lang durch Klage geltend machen können. Die ersteren führen dagegen zur „nullité relative", bei der nur gewisse Personen während fünf Jahren klageberechtigt sind. Bei Fehlen wichtiger Voraussetzungen der Ehe wie z. B. Eheschließung vor einem nicht zuständigen Standesbeamten oder fehlender Willensübereinstimmung sowie bei gewichtigen Eheverboten wie der Doppelehe tritt die „nullité absolue" ein. Bei Irrtum und Drohung ist nur derjenige Ehegatte klageberechtigt, dessen Willensbildung nicht einwandfrei erfolgt war: hier geht es um Fälle der „nullité relative". Die Wirkungen beider Arten der Ehenichtigkeit sind dieselben: das Urteil hat rückwirkende Kraft. Eine Ausnahme davon gilt nur bei Vorliegen einer Putativehe: für denjenigen Ehegatten, der zur Zeit der Eheschließung gutgläubig war, d. h. keine Kenntnis von dem Ehehindernis hatte, hat die für nichtig erklärte Ehe die Wirkungen einer gesetzmäßigen Verbindung; insbesondere gelten die Kinder als ehelich (Art. 201 C. c.).

bb) Ehescheidung und Trennung

Das französische Recht kennt zwei Lösungen, wenn die Ehegatten sich nicht mehr miteinander vertragen können: Scheidung und Trennung. Beide sind nur auf Grund des Verschuldens eines der beiden Ehegatten möglich und in beiden Fällen ist ein Urteil erforderlich.

(1) Ehescheidung

Die Scheidungsgründe

Die im Gesetz aufgezählten Scheidungsgründe werden in absolute und relative (oder fakultative) Gründe eingeteilt. Bei Vorliegen absoluter Scheidungsgründe muß das Gericht auf jeden Fall die Ehescheidung aussprechen. Liegen nur relative Scheidungsgründe vor, so hängt es von der richterlichen Bewertung ab, ob die Eheverfehlung eine schwere ist und eine endgültige Zerrüttung des ehelichen Verhältnisses herbeigeführt hat.

Absolute Scheidungsgründe sind Ehebruch (Art. 229, 230 C. c.) und Verurteilung eines Ehegatten wegen eines schweren Verbrechens (Art. 231 C. c.). Ehebruch ist nur bei Beischlaf mit einem Dritten gegeben; bei allen sonstigen Eheverfehlungen kann nur ein relativer Scheidungsgrund vorliegen. Absoluter Scheidungsgrund ist ferner nur die Verurteilung zu einer Leibes- oder Ehrenstrafe, z. B. wegen Mordes, durch Urteil eines französischen Schwurgerichts. Alle anderen Strafen geben nur einen relativen Scheidungsgrund ab. Relative Scheidungsgründe sind alle sonstigen verschuldeten Eheverfehlungen, insbesondere Mißhandlungen, Tätlichkeiten oder Beleidigungen eines Ehegatten durch den anderen, wenn sie schwere Verletzungen ehelicher Pflichten darstellen oder wiederholt vorgekommen sind (Art. 232 C. c.). Hier liegt eine Generalklausel vor, die viele Ehescheidungen wegen Mißhandlung oder Mißachtung des Partners erlaubt. Die Auslegung des Wortes „injure" (Beleidigung) hat eine weitgehende Rechtsprechung hervorgerufen: Verweigerung des Beischlafs, Verlassen des ehelichen Wohnsitzes, Trunksucht, Vernachlässigung des Ehegatten und der Kinder sind als schwere Beleidigung angesehen worden. Als Scheidungsgrund kann aber nur eine verschuldete Eheverfehlung gewertet werden; eine solche liegt z. B. nicht vor, wenn wegen Krankheit die Beiwohnung verweigert wird. Theoretisch kommen nur solche Verfehlungen in Betracht, die nach der Eheschließung begangen worden sind; aber bisweilen werden auch voreheliche Verfehlungen berücksichtigt. Verschulden des anderen Partners gibt dem Beklagten die Möglichkeit zu einer Widerklage („demande reconventionelle") auf Scheidung; dann kann die Ehescheidung aus beiderseitigem Verschulden ausgesprochen werden.

Auf Scheidung wegen Verschuldens kann solange geklagt werden, als keine Versöhnung der Ehegatten stattgefunden hat. Anders als im deutschen Recht genügt eine einseitige Verzeihung nicht. Doch gibt es keine Frist, innerhalb deren die Klage erhoben werden müßte; erst der Tod eines Ehegatten läßt das Klagerecht erlöschen (Art. 244 C. c.).

Das Verfahren ist im C. c. selbst geregelt. Es beginnt mit einem Sühneverfahren: beide Ehegatten müssen persönlich vor einem beauftragten Einzelrichter erscheinen. Scheitert der Sühneversuch, so werden vorläufige Anordnungen für die Dauer des Prozesses getroffen; sie regeln das Getrenntleben der Ehegatten, das Sorgerecht hinsichtlich der Kinder, die Unterhaltsverpflichtung zwischen den Ehegatten und gegenüber den Kindern sowie das Verkehrsrecht mit den Kindern (Art. 238 C. c.). Schließlich wird der Kläger ermächtigt, den anderen Ehegatten zum Streitverfahren vor das Tribunal de grande instance zu laden. Die Ladung vor dies Kollegialgericht muß innerhalb von einem Monat zugestellt werden, sonst verlieren die einstweiligen Anordnungen ihre Wirksamkeit. Im Scheidungsprozeß dürfen ausnahmsweise Verwandte und Hausangestellte der Eheleute als Zeugen vernommen werden (Art. 245 C. c.). Die Sache wird im Beratungszimmer und in Anwesenheit des Staatsanwalts verhandelt (Art. 239 C. c.). Das Urteil wird öffentlich verkündet und ist berufungs- und kassationsfähig.

Die wesentlichen Wirkungen eines rechtskräftigen Scheidungsurteils sind die folgenden: die geschiedene Frau darf den Namen ihres Mannes nicht mehr führen; sie muß ihren Mädchennamen wieder annehmen. Der eheliche Güterstand wird aufgelöst. Der schuldige Ehegatte verliert alle vermögensrechtlichen Vorteile aus der Ehe, insbesondere die durch den Ehevertrag erworbenen (Art. 299 C. c.); er hat dem schuldigen Partner eine monatliche Unterhaltsrente und außerdem Schadensersatz für materiellen und immateriellen Schaden zu zahlen (Art. 301 C. c.). Sind beide Ehegatten schuldig, so besteht kein Unterhalts- oder Schadensersatzanspruch. In jedem Fall erlischt ein etwaiger Unterhaltsanspruch durch die Wiederheirat des Unterhaltsberechtigten.

(2) Trennung von Tisch und Bett

Durch Trennung von Tisch und Bett wird die eheliche Gemeinschaft aufgehoben, aber das eheliche Band mit seinen anderen Pflichten bleibt unberührt. Die Gründe und das Verfahren der Trennung sind dieselben wie bei der Ehescheidung. Hier bleibt also das Verschuldensprinzip grundsätzlich anwendbar. Ein gerichtliches Urteil ist unentbehrlich: eine Trennung „de facto", ob vereinbart oder nicht, genügt keinesfalls, kann aber einen Grund für eine gerichtliche Trennung oder Scheidung bilden.

Infolge der gerichtlichen Trennung wird der vorige eheliche Güterstand aufgelöst und die getrennten Eheleute werden der Gütertrennung unterworfen. Jeder hat einen besonderen Wohnsitz, und das Urteil entscheidet über elterliche Gewalt, Unterhalt und Schadensersatz. Die Trennung hört durch Versöhnung oder durch Umwandlung in Ehescheidung auf. Im Falle der Versöhnung ist, Dritten gegenüber, eine gewisse Publizität der Wiederherstellung der häuslichen Gemeinschaft erforderlich. Im übrigen führt die gerichtliche Trennung öfters zur Scheidung. Laut Art. 310 C. c. kann jeder Ehegatte nach Ablauf von 3 Jahren die Umwandlung der Trennung in Ehescheidung beim Gericht beantragen. Ist die Frist abgelaufen, so ist die Umwandlung für den Richter obligatorisch.

2. Kindschaftsrecht
(Gesetz Nr. 72-3 vom Januar 1972)

a) Eheliche Abstammung

Das Kind, das während der Ehe empfangen worden ist, hat den Ehemann der Mutter zum Vater (Art. 312 C. c.). Das Gesetz vermutet, daß ein lebend geborenes Kind in dem Zeitraum zwischen dem 300. und 180. Tag vor der Geburt gezeugt

worden ist: das ist die sogenannte „Empfängniszeit" (Art. 311
C. c.). Also hat das Kind die Vermutung der ehelichen Abstammung für sich, wenn es frühestens am 180. Tage nach der
Eheschließung oder spätestens am 300. Tage nach der Auflösung der Ehe geboren ist.

Anfechtung der Ehelichkeit

Nach der neuen Fassung des C. c. darf der Ehemann die Ehelichkeit des Kindes anfechten, wenn er beweisen kann, daß
seine Vaterschaft tatsächlich unmöglich ist (z. B. im Falle dauernder Abwesenheit des Mannes während der gesamten Empfängniszeit). Das zu früh (vor dem 180. Tage nach der Eheschließung) geborene Kind gilt als ehelich, solange der Ehemann
die Ehelichkeit nicht anficht. Die Anfechtung der Ehelichkeit
ist ausgeschlossen, wenn er schon vor der Ehe Kenntnis von der
Schwangerschaft der Frau gehabt oder wenn er sich als Vater
des Kindes ausgegeben hat (Art. 314 C. c.). Im Gegensatz zum
früheren Recht gilt die Vermutung der ehelichen Vaterschaft
nicht mehr, wenn das Kind nach dem 300. Tage nach Auflösung der Ehe oder nach förmlicher Verschollenheitserklärung
des Mannes geboren ist (Art. 315 C. c.). Falls zwischen den
Ehegatten ein Scheidungs- oder Trennungsverfahren schwebt,
läuft die Frist von 300 Tagen nicht von dem Tage des Urteils
an, welches die Ehe auflöst, sondern schon ab der einstweiligen
Verfügung des Richters, mit welcher den Ehegatten das Getrenntleben gestattet worden ist (Art. 313 C. c.).

Zur Anfechtung der Ehelichkeit sind der Ehemann und nach
seinem Tode seine Erben berechtigt (Art. 316 C. c.). Die Klage
muß innerhalb von 6 Monaten seit Kenntnis der Geburt erhoben werden. Sie ist gegen das Kind zu richten, welches durch
einen besonderen Pfleger vertreten wird (Art. 317 C. c.). Für
sämtliche Verfahren des Kindschaftsrechts ist das „Tribunal de
grande instance" allein zuständig (Art. 311-5 C. c.).

Beweis der ehelichen Abstammung

Die Abstammung ehelicher Kinder wird durch die Geburtsurkunde des Standesamtes bewiesen (Art. 319 C. c.). Vermag das
Kind die Geburtsurkunde nicht beizubringen, so genügt zum

Beweis der ehelichen Abstammung, daß das Kind dauernd im Besitz des Status eines ehelichen Kindes gewesen ist (Art. 320 C. c.). Dafür muß das Kind den Namen der Person geführt haben, die es als seinen Vater angibt (nomen); ferner muß es jederzeit von seinen angeblichen Eltern als ihr Kind behandelt (tractatus) und stets in der Gesellschaft als Kind dieser Familie angesehen worden sein (fama). Niemand kann einen Personenstand in Anspruch nehmen, der mit seiner Geburtsurkunde oder seinem „Standesbesitz" in Widerspruch steht. Andererseits kann niemand den Stand desjenigen bestreiten, der einen seiner Geburtsurkunde entsprechenden Standesbesitz nachweisen kann (Art. 322 C. c.). Bei Fehlen einer Geburtsurkunde und des Standesbesitzes kann der Beweis der ehelichen Abstammung auch durch Zeugen geführt werden, wenn mindestens der Anfang eines schriftlichen Beweises oder hinreichend schwerwiegende Vermutungen oder Indizien vorhanden sind (Art. 323 C. c.).

Rechtsstellung der ehelichen Kinder

Das eheliche Kind erhält den Familiennamen und die Staatsangehörigkeit des Vaters. Es teilt den Wohnsitz der Eltern (Art. 108 C. c.) und steht unter elterlicher Gewalt, bis es volljährig oder emanzipiert wird (Gesetz vom 4. 6. 1970). Die elterliche Gewalt gliedert sich in Personen- und Vermögenssorge. Die Personensorge ist Recht und Pflicht beider Eltern (Gleichberechtigung!). Sie muß immer im Interesse des Kindes ausgeübt werden. Einigen sich die Eltern über die Ausübung der Personensorge nicht, so kann eine Entscheidung des Vormundschaftsrichters eingeholt werden (Art. 372-1 C. c.). Obwohl der C. c. nichts Näheres über den Inhalt der Personensorge enthält, gehören dazu jedenfalls die Sorge für das leibliche Wohl des Kindes, seine Erziehung und Beaufsichtigung. Die religiöse Kindeserziehung ist in Frankreich nicht besonders gesetzlich geregelt. Unter dem Namen „assistance éducative" (Erziehungshilfe) hat das Gesetz von 1970 neue Schutzmaßnahmen vorgesehen: bei gesundheitlicher oder moralischer Gefährdung des Kindes kann der Jugendrichter (juge des enfants) — also nicht der Vormundschaftsrichter — das Kind einer anderen (nicht notwendig mit dem Kind verwandten) Privatperson oder einer öffentlichen Anstalt zur Erziehung überweisen (Art. 375 ff. C. c.).

Vermögenssorge

Das Kind kann persönliches Vermögen haben: z. B. wenn es Arbeitslohn erhält oder durch Schenkung oder Erbschaft erworben hat. Den Eltern obliegt die Verwaltung des Kindesvermögens; zugleich steht ihnen die Nutznießung zu (Art. 382 C. c.). Wenn die Eltern zusammenleben, ist der Vater unter Mitwirkung der Mutter gesetzlicher Verwalter des Vermögens (Art. 383, 389 C. c.). Ist ein Elternteil gestorben oder sind die Eltern geschieden oder leben sie getrennt, so unterliegt die elterliche Vermögensverwaltung der Kontrolle des Vormundschaftsrichters (Art. 389-2 C. c.). Der Vater ist gesetzlicher Vertreter des Minderjährigen (Art. 389-3 C. c.); er kann das Vermögen des Kindes allein verwalten (Art. 389-4 C. c.); zu bestimmten Verfügungen bedarf er jedoch der Zustimmung der Mutter (Art. 389-5 C. c.): So z. B. für den Verkauf oder die dingliche Belastung eines Grundstücks oder eines Handelsunternehmens des Kindes (Art. 457 C. c.). Wenn der gesetzliche Vermögensverwalter (Witwer, geschiedener oder getrenntlebender Ehegatte) der gerichtlichen Kontrolle unterliegt, so ist für derartige Verfügungen die Zustimmung des Vormundschaftsrichters einzuholen (Art. 389-6 C. c.).

Die Eltern haben ein Nutznießungsrecht am Vermögen des Kindes, solange dieses das Alter von 18 Jahren noch nicht erreicht hat (Art. 384 C. c.). Die Nutzungen des Kindesvermögens sind in erster Linie für die Lasten dieses Vermögens, dann auch für den Unterhalt des Kindes zu verwenden (Art. 385 C. c.). Ein darüber hinausgehender Überschuß wird Eigentum der Eltern.

b) Nichteheliche Abstammung

Nach der französischen Gesetzgebung ist das uneheliche Kind grundsätzlich ein „Niemandskind", solange es nicht anerkannt wird. Die Anerkennung kann entweder freiwillig erfolgen oder durch ein gerichtliches Verfahren ersetzt werden. Die freiwillige

Anerkennung ist eine höchstpersönliche Rechtshandlung. Vater und Mutter können unabhängig voneinander, jeder für sich das Kind anerkennen. Ein Minderjähriger kann auch ohne Zustimmung seiner Eltern oder seines Vormundes ein Kind als das seinige anerkennen. Die Anerkennung muß in einer öffentlichen Urkunde erfolgen, wenn sie nicht schon in die Geburtsurkunde des Kindes aufgenommen wurde (Art. 335 C. c.). Eine wichtige Änderung der früheren Gesetzgebung hat das Gesetz vom 3. Januar 1972 gebracht: neben der freiwilligen oder gerichtlichen Anerkennung kann das Kind seine Abstammung mütterlicherseits durch eine Geburtsurkunde dartun, die den Namen der Mutter enthält, wenn das Kind außerdem beweisen kann, daß es stets als uneheliches Kind seiner Mutter behandelt worden ist (Art. 337 C. c.). Die Mutter kann aber, wie früher, der Aufnahme ihres Namens in die Geburtsurkunde widersprechen; dann bleibt das Kind ein Niemandskind, solange es nicht etwa adoptiert wird.

Heute ist die Feststellung der Abstammung aller unehelichen Kinder möglich, also auch derjenigen, die im Ehebruch erzeugt worden sind. Das einzige noch bestehende Verbot der Abstammungsfeststellung betrifft Inzestkinder: für sie kann die Abstammung nur hinsichtlich eines Elternteils festgestellt werden. Nach Art. 344-10 C. c. ist eine zweite Feststellung der nichtehelichen Abstammung verboten, wenn sich aus dem Zusammenhang beider Abstammungsfeststellungen der inzestuöse Charakter der Abstammung ergeben würde. Die freiwillige Anerkennung des Kindes kann gerichtlich angefochten werden. Das kommt besonders dann vor, wenn der Ehemann der Mutter deren Kind aus Gefälligkeit bei der Eheschließung anerkannt hatte, um es zu legitimieren, er sich aber später wieder von ihr scheiden läßt. Das Recht, die Anerkennung anzufechten, ist jedoch verjährt, wenn das Kind während 10 Jahren nach der Anerkennung einen dieser Anerkennung entsprechenden Status behalten hat (Art. 339 C. c.).

Die Vaterschaftsklage

Das nicht anerkannte Kind kann auf Feststellung seiner Erzeuger klagen. Die gerichtliche Erforschung der unehelichen

Mutterschaft ist ohne weiteres zugelassen (Art. 341 C. c.). Im Gegensatz dazu ist die Vaterschaftsklage nur in den fünf in Art. 340 C. c. ausdrücklich aufgeführten Fällen erlaubt: im Falle der Entführung, der Vergewaltigung oder arglistigen Verführung der Mutter; wenn beweiskräftige Briefe des angeblichen Vaters vorhanden sind, aus denen sich seine Vaterschaft ergibt; wenn der Vater während der Empfängniszeit mit der Mutter im Konkubinat gelebt hat; oder wenn der Mann als Vater für den Unterhalt und die Erziehung des Kindes gesorgt oder dazu beigetragen hat. Die Voraussetzungen der Klage sind inzwischen etwas erleichtert: im Falle der Verführung ist das Erfordernis eines Anfangs eines schriftlichen Beweises beseitigt und für die Annahme eines Konkubinats genügt bei mangelnder Wohnungsgemeinschaft eine feste und dauernde Verbindung.

Der als unehelicher Vater verklagte Mann kann der Klage mit drei Einreden begegnen, die zur Abweisung der Klage führen: liederlicher Lebenswandel der Mutter oder Verkehr mit einem Dritten (sofern nicht bewiesen werden kann, daß dieser nicht der Vater sein kann) sowie Unmöglichkeit der Vaterschaft wegen Abwesenheit oder sonstiger physischer Unmöglichkeit; schließlich ein medizinisches Gutachten, aus welchem sich ergibt, daß der verklagte Mann nicht der Vater des Kindes sein kann. Dabei kommt nicht nur eine Blutgruppenuntersuchung, sondern jede andere gesicherte medizinische Methode in Betracht (Art. 340-1 C. c.).

Die Vaterschaftsklage steht nur dem Kinde zu; während der Minderjährigkeit des Kindes hat nur die Mutter, selbst wenn sie minderjährig ist, die Befugnis, die Klage im Namen des Kindes zu erheben; hat sie jedoch das Kind nicht anerkannt oder ist sie geschäftsunfähig, so kann die Klage vom Vormund mit Zustimmung des Familienrats erhoben werden. Die Klage ist grundsätzlich innerhalb 2 Jahren nach der Geburt des Kindes zu erheben; danach ist das Klagerecht verwirkt. Doch kann im Falle des Konkubinats der Eltern oder des Beitrages des angeblichen Vaters zu Unterhalt und Erziehung des Kindes die Klage auch noch zwei Jahre nach Beendigung des Konkubinats oder der Unterhaltsbeiträge erhoben werden. Ist die Klage nicht

während der Minderjährigkeit des Kindes erhoben worden,
so kann dieses sie während der ersten 2 Jahre nach Erlangung
der Volljährigkeit erheben. Wenn das Gericht der Vaterschaftsklage stattgibt, kann es auf Verlangen der Mutter den Vater
auch noch gemäß der neuen Fassung des Art. 340-5 C. c. dazu
verurteilen, der Mutter ganz oder teilweise die Kosten der
Niederkunft und des Unterhalts während drei Monaten vor
und drei Monaten nach der Geburt zu zahlen, ganz abgesehen
vom Schadensersatz, der ihr nach deliktsrechtlichen Vorschriften
zustehen könnte. Der Richter entscheidet auch über den Namen
des Kindes und die Ausübung der elterlichen Gewalt (Art.
340-6 C. c.).

Die Zahlvaterschaftsklage

Wenn die Vaterschaftsklage infolge der Drittverkehrseinrede
abgewiesen wird oder sonst undurchführbar ist, kann das Kind
von jedem Mann, der mit der Mutter während der Empfängniszeit geschlechtlich verkehrt hat, Unterhalt verlangen. Diese
Klage aus „möglicher Vaterschaft" ist etwas ganz neues in
der französischen Gesetzgebung. Ihre Einführung ist dadurch
gerechtfertigt, daß die Vaterschaftsklage nur in ganz wenigen
Fällen Erfolg hatte. Diese „action à fins de subsides" kann
jedes Kind erheben, selbst wenn es im Ehebruch oder in Blutschande gezeugt worden ist. Der Unterhalt wird in Form einer
Rente gezahlt, die sogar noch nach Volljährigkeit des Kindes
geschuldet wird, wenn es schuldlos noch unterstützungsbedürftig
ist (Art. 342-2). Außerdem kann, wenn die Vaterschaftsklage
an einer der zulässigen Einreden gescheitert ist, der mögliche
Vater zu Schadensersatz verurteilt werden, wenn ihm ein Verschulden zur Last fällt oder wenn er eine Zahlungsverpflich-
tung übernommen hatte. Die Unterhaltsklage wird abgewiesen,
wenn der Beklagte beweisen kann, daß seine Vaterschaft aus
irgendeinem Grund unmöglich ist, oder daß die Mutter sich
der Unzucht hingegeben hatte (Art. 342-4 C. c.). Alle diese
Schulden aus Zahlvaterschaft gehen auch auf den Erben über.

Rechtsstellung der nichtehelichen Kinder

Gemäß Art. 334 und 757 neuer Fassung des C. c. hat das anerkannte außereheliche Kind die gleichen Rechte und Pflichten

wie das eheliche. Es tritt in die Familien seiner Eltern ein, was vor 1972 noch nicht Rechtens war, und trägt die Namen seiner Erzeuger. Sein Erbrecht ist nur eingeschränkt, wenn es im Ehebruch erzeugt und nicht später legitimiert wurde: in diesem Fall besteht das Erbrecht in der Hälfte des Erbteils eines ehelichen Kindes. Die in Blutschande erzeugten Kinder, welche nach dem Gesetz nur von einem Erzeuger anerkannt werden können, sind natürlich nur in der Familie dieses Erzeugers erbberechtigt. Kinder, die nicht freiwillig anerkannt sind und deren Elternschaft auch sonst nicht gerichtlich oder gesetzlich festgestellt ist, sind elternlose Staatsmündel, die solange unter der Vormundschaft der Sozialbehörden bleiben, als sie nicht adoptiert werden.

c) Legitimation oder Ehelicherklärung

Alle Kinder, deren Abstammung durch Anerkennung geklärt wurde, können legitimiert werden (Art. 329 C. c.). Die Legitimation erfolgt entweder durch nachfolgende Ehe der natürlichen Eltern oder durch ein gerichtliches Urteil (Art. 330 C. c.). Die gerichtliche Ehelicherklärung findet in den Fällen statt, in denen die Eheschließung unmöglich ist (Art. 333 C. c.). Seit 1972 ist auch die Legitimation von Ehebruchskindern nicht mehr eingeschränkt. Ein legitimiertes Kind bekommt die rechtliche Stellung eines ehelichen Kindes, freilich ohne Rückwirkung. Ein Randvermerk auf der Geburtsurkunde macht die Änderung des Personenstandes bekannt.

d) Adoption

Der C. c. kennt zwei Arten von Adoptionen: die einfache Annahme an Kindes Statt, die schon in der Fassung des C. c. von 1804 vorgesehen war, und die Volladoption, die erstmals im Jahre 1939 eingeführt und 1966 neu normiert worden ist. Die einfache Adoption ist ohne Rücksicht auf das Alter des Adoptivkindes zulässig. Wenn das Kind aber das 15. Lebensjahr erreicht hat, ist seine persönliche Zustimmung erforderlich (Art. 360 C. c.). Das Kind behält seine sämtlichen Rechte in seiner Geburtsfamilie; doch stehen die elterliche Gewalt und die Vermögensverwaltung dem Annehmenden zu.

Eine Aufhebung der einfachen Adoption durch gerichtliches Urteil ist vorgesehen, wenn ein wichtiger Grund, z. B. Undankbarkeit oder Verschulden des Adoptivkindes, vorliegt.

Die Volladoption zerstört endgültig das bisherige Familienband des Kindes. Sie setzt voraus, daß der Anzunehmende schon seit mindestens 6 Monaten bei den Personen, die ihn adoptieren wollen, lebt. Normalerweise wird die Volladoption von Eheleuten beantragt werden, die kein Kind aus ihrer Ehe haben. Der Anzunehmende ist öfters ein verlassenes oder nicht anerkanntes uneheliches Kind. Im Gegensatz zur einfachen Adoption ist die Volladoption, die dem Kind in der Familie der Adoptanten die Stellung eines ehelichen Kindes gibt, unwiderruflich.

e) *Emanzipation (Entlassung aus der elterlichen Gewalt bzw. Volljährigkeitserklärung)*

Die Emanzipation ist diejenige Institution, durch welche ein Minderjähriger aus der elterlichen oder vormundschaftlichen Gewalt entlassen wird. Diese Entlassung kann kraft Gesetzes oder durch einen förmlichen Akt erfolgen. Kraft Gesetzes wird der Minderjährige durch die Eheschließung emanzipiert (Art. 476 C. c.). Der C. c. hat also wie das Schweizerische ZGB (Art. 14 II) den Satz „Heirat macht mündig" übernommen. Die Emanzipation durch Eheschließung hängt von keiner anderen Voraussetzung ab; diese Rechtsfolge kann auch rechtsgeschäftlich weder ausgeschlossen noch modifiziert werden. Nach dem Gesetz vom 3. Juni 1971 hat auch die Vollendung des Militär- oder Nationaldienstes (selbst für Frauen!) die Emanzipation zur Folge.

Die ausdrückliche Emanzipation erfolgt durch eine Erklärung der Eltern vor dem Vormundschaftsrichter (Art. 477 C. c.). Steht das Sorgerecht über das Kind nur einem Elternteil oder einem Dritten zu, so kann auf dessen Antrag der Richter die Emanzipation auch ohne Einwilligung der Eltern aussprechen, wenn wichtige Gründe dafür vorliegen. Das Waisenkind wird durch Beschluß des Familienrates emanzipiert. In jedem Fall muß das Kind zur Emanzipation das 18. Lebensjahr vollendet haben. Vor 1965 war der Emanzipierte nur teilweise geschäftsfähig. Die heutige Emanzipation ist eine Volljährigkeitserklärung mit drei Ausnahmen. Um eine Ehe einzugehen oder sich adoptieren zu lassen, braucht das emanzipierte Kind die gleichen Genehmigungen, wie wenn es nicht emanzipiert wäre (Art. 481 C. c.). Ferner muß der emanzipierte Minderjährige, der ein Handelsgewerbe betreiben will, laut Art. 2 des Code de commerce eine besondere Zustimmung der Eltern oder des Familienrats erhalten haben; diese Zustimmung wird in das Handelsregister eingetragen (Art. 487 C. c.). Nach der Emanzipation sind die Eltern nicht mehr für Schaden haftbar, den ihre bei ihnen wohnenden minderjährigen Kinder verursachen.

III. Sachenrecht

Das Sachenrecht regelt die rechtliche Beherrschung der „Güter" (biens) durch physische oder juristische Personen und enthält die Vorschriften über die rechtlichen Beziehungen von Personen zu Sachen. Es ordnet die unmittelbaren Rechtsbeziehungen des Rechtsinhabers zu den Sachen, während das Recht der Schuldverhältnisse vermögensrechtliche Beziehungen zwischen zwei Personen: Gläubiger und Schuldner, regelt. Sachenrechte sind unmittelbare Rechte an einer Sache und werden als dingliche Rechte (jura in rem, droits réels) bezeichnet. Das Eigenschaftswort „réel" hat in der Juristensprache eine eigenartige Bedeutung: es will nicht etwas Wirkliches oder Tatsächliches im Gegensatz zu etwas Falschem bezeichnen. Réel bedeutet hier „dinglich"; das „droit réel" ist ein unmittelbares Recht an einem Ding. Ein Schuldverhältnis zwischen Gläubiger und Schuldner heißt dagegen „droit personnel (jus in personam) ou de créance": der Zweck des Schuldverhältnisses wird nur durch die Person des Schuldners erreicht. Die „droits réels" sind grundsätzlich absolute Rechte im Gegensatz zu den obligatorischen, nur relativen Rechten.

Der C. c. (2. Buch, erster Titel) spricht nicht von Sachen, sondern von „Gütern". Das Wort umschreibt alles, was sich in einem Vermögen oder Nachlaß befindet, alles was einen durch

Veräußerung realisierbaren Wert hat, alle der rechtlichen Herrschaft einzelner Personen unterwerfbaren Gegenstände. So gehören zu den „Gütern" nicht nur ein Haus, ein Tier oder ein
Wagen, sondern auch alle Forderungsrechte. Damit kommen
wir zu den verschiedenen Arten von Gütern.

A. Arten der Sachen

Die französische Lehre kennt körperliche und unkörperliche
Güter. Ein Nießbrauch ist als bloßes Recht ein unkörperliches
Gut, das man weder sehen noch fassen kann. Sachen können
sowohl vertretbar als auch unvertretbar, verbrauchbar oder un-
verbrauchbar sein. Der Unterschied ist wichtig: nur unvertret-
bare und unverbrauchbare Sachen können vermietet werden.
Diese Arten von Sachen sind jedoch im C. c. nicht näher behandelt: er trennt *sämtliche* Güter nur in bewegliche und unbewegliche Sachen (Art. 516 C. c.). Die natürliche Eigenschaft
tatsächlicher Beweglichkeit spielt dabei keine entscheidende
Rolle: auch unkörperliche Güter werden vom Gesetzgeber als
beweglich oder unbeweglich angesehen.

Zunächst zählt Art. 517 C. c. die drei Arten der unbeweglichen
Sachen auf: Güter sind entweder unbeweglich ihrer Natur nach
oder vermöge ihrer Bestimmung oder wegen des Gegenstandes,
auf den sie sich beziehen. Grundstücke und Gebäude sind unbewegliche Sachen ihrer Natur nach. Unbewegliche Güter vermöge ihrer Bestimmung sind tatsächlich bewegliche Sachen,
welche der Eigentümer eines Grundstücks dem wirtschaftlichen
Zweck dieses Grundstücks gewidmet und auf das Grundstück gebracht hat (Art. 524 C. c.). Der C. c. nennt als Bei-
spiele dafür Geräte und Vieh, die zur Bewirtschaftung eines
Landguts notwendig sind, sowie die „zum Betriebe der Hütten-
werke, Papiermühlen und anderer dergleichen Werke erforderlichen Gerätschaften". Nießbrauch an unbeweglichen Sachen,
Grunddienstbarkeiten und Hypotheken (Art. 526 C. c.) werden wegen des Gegenstandes, auf welchen sie sich beziehen,
als unbeweglich angesehen. Unbewegliche Sachen vermöge
ihrer Bestimmung oder wegen des Gegenstandes, auf welchen

sie sich beziehen, sind eine Folgerung aus der Zubehörtheorie: das Zubehör bekommt die rechtliche Stellung der Hauptsache.

Bewegliche Güter haben diese Eigenschaften entweder ihrer Natur nach oder kraft gesetzlicher Bestimmung. Alles, was man bewegen kann, gehört zu den beweglichen Gütern. „Meubles" im Sinne des Gesetzes sind nicht nur Hausrat, sondern auch Tiere, Wagen, Schiffe, Gemälde, Juwelen usw. Neben diesen körperlichen Mobilien erkennt das Gesetz auch unkörperliche Mobilien an: alle Rechte, die nicht zufolge Art. 526 C. c. als unbewegliche Güter anzusehen sind, werden als bewegliche Güter betrachtet. Hierzu gehören alle Forderungen, Gesellschaftsanteile, Wertpapiere. Ebenso sind bewegliche Güter das Unternehmen und das Immaterialgut des Erfinders oder Urhebers an seinem Werk. Wenn der C. c. auch grundsätzlich den Bodenbewuchs vor seiner Trennung vom Grundstück als zu den Immobilien gehörig behandelt (Art. 520, 521 C. c.), so kennt er doch auch den Begriff der „meubles par anticipation": der Verkauf der Ernte auf dem Halm gilt als Verkauf von beweglichen Sachen, weil hier der Bewuchs zum Zwecke der Trennung vom Boden verkauft wird.

Herkunft und Bedeutung der Unterscheidung
zwischen beweglichen und unbeweglichen Sachen

Die scharfe Unterscheidung von beweglichen und unbeweglichen Sachen, die sämtliche körperlichen und unkörperlichen Güter umfaßt, erklärt sich aus der Geschichte. Sie stützt sich auf eine vergleichende Wertschätzung der verschiedenen Güter. Im Mittelalter sagte man: „res mobilis, res vilis" (bewegliche Sache hat geringen Wert). Grundstücke bildeten damals und bis ins 19. Jahrhundert hinein den wichtigsten Teil des Familienvermögens. Deswegen ist heute noch das unbewegliche Gut besser als das bewegliche geschützt. Eine dritte Art von Sachen hat sich erst im Laufe des 20. Jahrhunderts allmählich gebildet: es handelt sich um bewegliche Güter, die leicht identifizierbar sind (Schiffe, Kraftwagen, Flugzeuge, Handelsunternehmen); der Gesetzgeber hat sie vielfach den unbeweglichen Sachen gleichgestellt, indem er sie einer gewissen Publizität unterworfen hat.

Wenn man von Ausnahmeregelungen absieht, wird die unterschiedliche gesetzliche Behandlung von Mobilien und Immobilien vor allem an folgenden Regelungen deutlich:

1. Der Eigenbesitzer einer beweglichen körperlichen Sache wird als Eigentümer vermutet (Art. 2279 C. c.); eine solche Regelung gilt für Grundstücke nicht.

2. Die Fristen für die Ersitzung sind bei beweglichen Sachen kürzer als bei unbeweglichen. (Bewegliche Sachen: sofortige Ersitzung für den Eigenbesitzer; 3 Jahre, wenn die Sache gestohlen oder verloren wurde. Unbewegliche Sachen: je nach dem Fall 10, 20 oder 30 Jahre).

3. Für unbewegliche Güter und die ihnen gleichgestellten oben aufgezählten Mobilien werden öffentliche Register geführt; sie unterliegen damit einer gewissen Publizität.

4. Verfügungsrechte eines Verwalters fremder Güter sind bei unbeweglichem Vermögen eingeschränkter als bei beweglichen Gütern.

5. Die nicht in Registern geführten Mobilien können nur mit Besitzübergabe verpfändet werden.

6. Sämtliche Mobilien von Eheleuten, die vor 1965 geheiratet haben, ohne einen Ehevertrag geschlossen zu haben, sind Gesamtgut geworden.

B. Dingliche Rechte

Zu den dinglichen Rechten, die nur an Sachen und Gütern bestehen können, gehören das Eigentum, der Nießbrauch und die Grunddienstbarkeit.

1. Eigentum

a) Inhalt des Eigentums

Das Eigentum ist das Recht, eine Sache unbeschränkt zu benutzen und über sie zu verfügen; lediglich mit der Einschränkung, daß man keinen durch Gesetz oder Verordnung untersagten Gebrauch davon machen darf (Art 544 C. c.). Obwohl das Eigentumsrecht von Philosophen und Politikern des 19. Jahrhunderts öfter angegriffen worden ist, wurde die Defini-

tion nie geändert. Sie bestimmt genau den Inhalt und die Beschränkung des Eigentums. Grundsätzlich hat der Eigentümer
das Recht des Gebrauchs, der Fruchtziehung und der Verfügung. Er kann die Sache so benutzen wie er will und sich ihre
Erträge aneignen. Bei den Erträgen unterscheidet das französische Recht Früchte (fruits) und Erzeugnisse (produits). Für die
Früchte werden Periodizität und Normalität erfordert. Im Gegensatz zum Nießbraucher erhält der Eigentümer Früchte und
Erzeugnisse, während dem Nießbraucher nur die Früchte zustehen. Schließlich ist dem Eigentümer auch gestattet, das Ver-
fügungsrecht auszuüben: er kann seine Sachen verarbeiten oder
vernichten, durch Verkauf oder Schenkung veräußern. Somit
ist das Eigentum das umfassendste Recht, das man an einer
Sache haben kann.

b) Die Beschränkungen des Eigentums

Das Eigentum, insbesondere das Grundeigentum, ist verschiedenen Beschränkungen unterworfen. In erster Linie rühren die
Beschränkungen vom Nachbarrecht her. Zum Beispiel ist es dem
Grundeigentümer verboten, Bäume, deren Höhe zwei Meter
übersteigt, im Abstand von weniger als zwei Meter von der
Grenze zum Nachbarn zu halten (Art. 671 C. c.). Ferner hat
der Gesetzgeber nach dem 1. und 2. Weltkrieg zur Beseitigung
des aufgetretenen Wohnungsmangels Mieterschutzvorschriften
erlassen: Eigentümer wurden verpflichtet, Wohnungen zum gesetzlichen Preis zu vermieten; es wurde ihnen nicht gestattet,
das Mietverhältnis ohne wichtigen Grund zu kündigen. Ähnliche Normen betrafen die Geschäftsraummiete und die landwirtschaftliche Pacht. Das Mietnotrecht bezweckt, sogenannten
„gutgläubigen" Mietern und Pächtern eine stärkere Sicherheit
zu verschaffen. Als gutgläubige Mieter sind diejenigen anzusehen, die den Mietzins regelmäßig bezahlt und sämtlichen gesetzlichen Verpflichtungen aus dem Mietverhältnis genügt haben. Diese Sondergesetzgebung wurde zwar je nach Entwicklung der wirtschaftlichen und politischen Lage verändert; sie
bildet aber immer noch eine wesentliche Beschränkung des
Eigentums. In diesem Zusammenhang sind besonders die gesetzlichen Bestimmungen über die „indemnité d'éviction" und

das „droit de préemption" zu erwähnen: wenn der Vermieter eines Geschäftsraums die Verlängerung eines mindestens 9jährigen Mietvertrages ablehnt, ist der Mieter, von wenigen Ausnahmen abgesehen, berechtigt, eine Entziehungsentschädigung zu fordern, die sämtliche durch den Verlust des Geschäftslokals entstandenen Schäden wiedergutmachen soll. Deren Mindestbetrag ist nach dem Verkaufswert zu berechnen, den das Recht am Unternehmen hat. Wenn ferner ein Eigentümer sein verpachtetes landwirtschaftliches Gut verkaufen will, hat der Pächter ein Vorkaufsrecht und kann damit jeden Käufer ausschließen. Auch im Interesse des öffentlichen Wohls ist das Eigentum durch Vorschriften beschränkt, welche die Ausbeutung von Bergwerken, Bebauungsgrenzen und die Errichtung störender Betriebe betreffen. Der Eigentümer eines Grundstückes kann auch im Interesse der Allgemeinheit enteignet werden, allerdings nur gegen Entschädigung (Art. 545 C. c.). Die Enteignung ist nicht nur im Falle einer dringenden Notwendigkeit, sondern auch in vielen anderen Fällen möglich: z. B. wenn es sich um die Sanierung eines alten Stadtviertels handelt. Das Verfahren steht unter gerichtlicher Kontrolle und die Zivilgerichte sind allein zuständig, die Höhe der Entschädigung zu bestimmen.

Um die Bodenzersplitterung, die eine rationelle Bewirtschaftung verhindert, einzuschränken, ist die zwangsweise Umlegung landwirtschaftlicher Grundstücke möglich. Im Fall eines öffentlichen Notstandes kann der Staat die Requisition beweglicher Sachen und die Benutzung leerer Gebäude anordnen. Aus wirtschaftlichen und politischen Gründen hat der Gesetzgeber die Verstaatlichung verschiedener Unternehmungen (sämtlicher Eisenbahnen und Energieversorgungsbetriebe sowie etlicher Bank- und Versicherungsgesellschaften) beschlossen. Leider ist bis jetzt die rechtliche Lage dieser verstaatlichten Unternehmungen nicht einheitlich geregelt. Einige sind öffentliche Anstalten geworden, während andere die Form einer Aktiengesellschaft erhalten haben, deren einziger Aktionär der Staat ist.

Schließlich ist die Ausübung des Eigentumsrechtes unzulässig, wenn sie lediglich den Zweck hat, einem anderen Schaden zu-

zufügen. Der Code civil enthält keine besondere Bestimmung
darüber: die Regel wird als eine bloße Anwendung des Ver-
bots des Rechtsmißbrauchs angesehen, welches die französische
Rechtsprechung vor 50 Jahren als einen allgemeingültigen
Grundsatz anerkannt hat.

Räumliche Schranken für das Eigentum gibt es grundsätzlich
nicht: Art. 552 C. c. bestimmt, daß das Eigentum an der Bodenfläche das Eigentum an allem, was sich darüber oder darunter befindet, einschließt. Es gibt jedoch Sonderregelungen
über die Verlegung von Leitungsdrähten, die Ausbeutung von
Bergwerken sowie das Wohnungseigentum.

c) Das Miteigentum (copropriété, indivision)

Für gewöhnlich hat jede Sache einen einzigen Eigentümer. Miteigentum ist das Eigentum, das mehreren zugleich an ein und
derselben Sache zusteht. Der C. c. hat die Beteiligung mehrerer
Eigentümer an ein und derselben Sache nicht geregelt. Ein solches Miteigentum besteht aber z. B. bei der ehelichen Gütergemeinschaft und bei der Erbengemeinschaft. Im Gegensatz
zum deutschen Recht besteht aber bei der Gesellschaft des Bürgerlichen Rechts und bei der offenen Handelsgesellschaft kein
Miteigentum der Gesellschafter; vielmehr liegt nach französischem Recht eine juristische Person vor, welche alleinige Eigen-
tümerin des Gesellschaftsvermögens ist. Das Miteigentum von
Erben ist „unorganisiert": die Verwaltung der gemeinsamen
Sachen steht allen Miteigentümern zu; sie kann nur so erfolgen, daß alle Miterben mit der vorgesehenen Verwaltungs-
handlung einverstanden sind. Jeder einzelne Miteigentümer ist
jedoch berechtigt, seinen Anteil an der gemeinsamen Sache zu
veräußern oder mit einer Hypothek zu belasten. Ihm steht
auch das Recht zu, die Teilung der gemeinschaftlichen Sache
jederzeit zu verlangen (Art. 815 C. c.). Dieses Recht kann jedoch durch eine entsprechende Vereinbarung für die Dauer von
höchstens 5 Jahren ausgeschlossen werden. Handelt es sich um
ein landwirtschaftlich genutztes Grundstück, so kann das Gericht die Teilung des gemeinschaftlichen Grundstücks für längere Zeit ausschließen, um eine weitere Bodenzersplitterung
zu vermeiden.

Das Wohnungseigentum ist eine Sonderart des Miteigentums, das den Bestimmungen des Gesetzes vom 10. Juli 1965 unterworfen ist. Das Gesetz unterscheidet bei einem Gebäude die gemeinsamen Teile, welche allen Miteigentümern gehören, und die Privatteile, die Sondereigentum eines jeden Miteigentümers sind. Mauern, Treppen und Dächer sind gemeinsame Teile, weil sie der gemeinsamen Nutzung aller Wohnungseigentümer dienen, während das Innere einer Wohnung dem jeweiligen Wohnungseigentümer allein gehört. Die Gemeinschaft der Wohnungseigentümer versammelt sich mindestens einmal im Jahr; Beschlüsse werden durch die Mehrheit der anwesenden oder vertretenen Mitglieder gefaßt. Das Stimmrecht richtet sich jedoch nicht nach Köpfen, sondern nach den ideellen Quoten des Miteigentums. Denn jeder Miteigentümer ist Inhaber einer gewissen Anzahl von den tausendstel Quoten, in die das ganze Gebäude unterteilt wurde. Für die laufende Verwaltung des Hauses werden die Wohnungseigentümer durch einen gewählten „Syndikus" vertreten. Bei solchem Miteigentum ist jede Teilung der gemeinschaftlichen Teile naturgemäß ausgeschlossen.

d) Das geistige Eigentum

aa) Urheberrecht

Nach dem Gesetz vom 11. März 1957 besitzt der Autor eines geistigen Werkes das Eigentumsrecht an seinem Werk. Wie jedes Eigentumsrecht kann sich das Urheberrecht gegen jedermann auswirken und durchsetzen. Als geistige Werke sind in Art. 3 Schriften, Theater- und Kinostücke, Bildhauerarbeiten und Gemälde erwähnt; doch ist diese Aufzählung nicht erschöpfend. Der Autor kann, solange er lebt, alleine darüber entscheiden, ob das Werk veröffentlicht und verwertet werden soll. Nach seinem Tod steht das gleiche Recht seinen Erben für die Dauer von 50 Jahren zu. Dann erlischt das Urheberrecht und jedermann darf das Werk drucken, nachahmen oder aufführen. Die Verwertungsbefugnis des Inhabers des Urheberrechts ist straf- und zivilrechtlich gesichert. Ist der Autor beim Verkauf der Verwertungsbefugnis um mehr als 7/12 des gerechten Preises benachteiligt worden („lésion"), so kann er die Revision des Preises verlangen (Art. 37 des Ges.).

bb) Gewerbliches Eigentum

Nach dem Gesetz vom 2. Januar 1968 über die „brevets d'invention" (Patentgesetz) kann jede neue technische Erfindung patentiert werden. Der Erfinder besitzt eine ausschließliche Verwertungsbefugnis seiner Erfindung, kann aber sein Recht verkaufen oder verpachten. Das Patentrecht geht verloren, wenn der Erfinder die gesetzlich vorgeschriebene jährliche Patentabgabe nicht zahlt. Sonst dauert das Patentrecht 20 oder 6 Jahre (Art. 3 des Gesetzes). Das Patentrecht gehört zum Handelsrecht.

cc) Namensrecht

Im Code civil ist das Namensrecht nicht erwähnt. Nach der Rechtsprechung wird aber jedermann als Berechtigter hinsichtlich seines Familiennamens angesehen, obwohl der Name nicht zum Privatvermögen gehört. Wenn ein anderer als der Berechtigte den Interessen des Berechtigten zuwider dessen Namen als eigenen gebraucht, steht dem Berechtigten eine Entschädigungs- oder Unterlassungsklage zu.

e) Erwerb des Eigentums

Nach Art. 711 und 712 C. c. wird das Eigentum durch Erbschaft, Schenkung, Zuwachs, Ersitzung oder kraft Vertrages erworben. Diese Aufzählung ist nicht erschöpfend: es fehlt darin die Aneignung (occupation) herrenloser Sachen.

aa) Aneignung

Jedermann kann das Eigentum an herrenlosen beweglichen Sachen durch Okkupation erwerben. Herrenlose Grundstücke dagegen gehören dem Staat (Art. 713 C. c.). Herrenlos sind Sachen, die zur Zeit der Besitzergreifung keinen Eigentümer haben, entweder weil sie nie im Besitz einer Person waren (wilde Tiere, Meer- und Flußfische), oder weil sie vom früheren Eigentümer freiwillig aufgegeben worden sind (Dereliktion). Die Aneignung einer herrenlosen Sache erfolgt durch Ergreifung des Eigenbesitzes. Der Fund eines Schatzes ist eine Sonderart der Aneignung. Schatz ist jede verborgene oder vergrabene Sache, die durch bloßen Zufall entdeckt wird, und an welcher niemand sein Eigentum beweisen kann (Art. 716 C. c.).

Das Eigentum an einem Schatz steht demjenigen zu, der ihn
auf seinem eigenen Grundstück findet. Wird der Schatz auf
dem Grundstück eines anderen gefunden, so gehört er zur
Hälfte demjenigen, der ihn entdeckt hat und zur anderen
Hälfte dem Eigentümer des Grundstücks. Für die Ausgrabung
von Sachen, an denen ein öffentliches Interesse besteht, z. B.
von Altertümern, bestehen besondere Regeln: insbesondere eine Anzeigepflicht und ein Vorkaufsrecht des Staates. Vom
Schatzfund muß der einfache Fund einer verlorenen Sache unterschieden werden, der im C. c. nicht näher geregelt ist. Der
Verlierer kann zwar innerhalb von 3 Jahren die verlorene
Sache vom Finder herausverlangen (Art. 2279 C. c.). Es entsteht aber zwischen Verlierer oder Eigentümer und Finder kein
besonderes Schuldverhältnis, das Anzeige- und Verwahrungs-
pflichten einerseits oder die Pflicht zur Zahlung von Finderlohn andererseits begründen würde. Finderlohn ist nur eine
moralische Pflicht.

bb) Zuwachs

Nach Art. 552 C. c. gehört prinzipiell zum Grundeigentum
alles, was über und unter der Bodenfläche sich befindet. Auch
alles, was sich mit der Sache vereinigt, gehört dem Eigentümer
der Sache (Art. 551 C. c.). Der Eigentumserwerb durch Zuwachs erstreckt sich auf alle Bauten, Pflanzungen und Werke,
welche mit dem Grundstück verbunden werden, auch dann,
wenn diese Anlagen vom Eigentümer des Bodens oder von
einem Dritten mit fremdem Material erstellt worden sind. Von
allen Gebäuden und Anlagen auf einem Grundstück ist zu
vermuten, daß sie vom Eigentümer auf seine Kosten gemacht
worden sind und ihm gehören, solange nicht das Gegenteil erwiesen ist (Art. 553 C. c.). Dieser Grundsatz ist ebenso anwendbar, wenn der frühere Eigentümer des Materials Mieter
des Grundstücks war, es sei denn, daß der Mietvertrag etwa
eine andere Lösung vorsieht. Im Fall einer „Baumiete" (bail
à construction) hat das Gesetz vom 16. Dezember 1964 bestimmt, daß der Eigentümer des Bodens Eigentümer der während des Vertrages gebauten Bauwerke erst mit der Beendigung
des Mietverhältnisses wird; abweichende Vereinbarungen sind
jedoch möglich.

Das Zuwachsrecht kommt auch bei beweglichen Sachen in Betracht. Werden bewegliche Sachen derart miteinander verbunden, daß die eine davon als die Hauptsache anzusehen ist, dann geht die ganze Sache in das Eigentum desjenigen über, der Eigentümer der Hauptsache ist; doch muß er dem Eigentümer der mit der Hauptsache verbundenen Sache deren Wert bezahlen (Art. 566 C. c.). Hat jemand einen ihm nicht gehörenden Stoff dazu verwendet, um daraus eine neue Sache herzustellen, so hat der Eigentümer des Stoffes das Recht, die daraus hergestellte Sache gegen Vergütung des Arbeitslohnes herauszuverlangen. Infolge ihrer Herkunft aus dem römischen Recht sind die französischen Regeln über Zuwachs, Verbindung, Vermischung und Verarbeitung ähnlich denen des BGB.

Verschiedene, seit 1804 unveränderte Artikel regeln das Eigentumsrecht an Neubildungen von Land, Inseln, Vergrößerungen und Anschwemmungen, die sich am Ufer eines Flusses allmählich bilden; sie gehören grundsätzlich dem Ufereigentümer. Diese Vorschriften haben praktisch einen geringen Anwendungsbereich.

cc) Erwerb des Eigentums durch Vertrag

Nach Art. 711 C. c. kann das Eigentum durch einen bloßen Vertrag übertragen werden. Das steht im Gegensatz zum deutschen Recht, welches zur Übertragung des Eigentums Einigung und Übergabe (bei beweglichen Sachen) oder Eintragung (bei Grundstücken) fordert. Nach Art. 1138 und 1583 C. c. geht das Eigentum an der verkauften oder verschenkten Sache mit Vertragsabschluß über, ohne daß es einer besonderen Übertragungshandlung bedarf. Art. 1583 C. c. ist besonders klar: „Das Eigentum an der verkauften Sache geht vom Verkäufer auf den Käufer von Rechts wegen über, sobald die Parteien über die Sache und den Preis einig geworden sind, selbst wenn weder die Sache geliefert noch der Preis gezahlt worden ist". Diese Regel wird nicht nur beim Kauf, sondern bei jedem Rechtsgeschäft, das zur Übertragung des Eigentums verpflichtet, angewendet (z. B. Tausch, Schenkung, Darlehen, Einbringen in eine Gesellschaft). Der Vertragsgegenstand muß eine bestimmte Sache sein. Wenn es sich um eine vertretbare Gattungssache handelt, so ist Übergabe (oder mindestens Absonderung) der Sache für die Übertragung des Eigentums erforderlich. Der automatische Eigentumsübergang gilt aber nur zwischen den Parteien, insbesondere zwischen Verkäufer und Käufer. Dritten gegenüber ist eine gewisse Publizität (Übergabe oder Eintragung) erforderlich. Der Eigentumsübergang kann jedoch durch Vereinbarung der Parteien hinausgeschoben werden, z. B. bis der volle Preis gezahlt wird. Diese Klausel ist aber nur zwischen den Parteien wirksam; sie kann nicht den Gläubigern des Käufers entgegengehalten werden, wenn die Sache schon geliefert worden ist und sich im Vermögen des Käufers befindet. Die bedingte Übereignung beweglicher Sachen in Form der Übergabe mit Eigentumsvorbehalt bis zur Zahlung des vollen Kaufpreises spielt im französischen Recht keine wesentliche Rolle, außer bei Kraftwagen, Flugzeugen, Schiffen oder Handelsunternehmungen, für welche besondere Regeln bestehen.

dd) Erwerb und Beweis des Eigentums Dritten gegenüber

Während schon der Schuldvertrag den Übergang des Eigentums an einer bestimmten Sache zwischen den Parteien bewirkt, ist Dritten gegenüber zum Beweis des Eigentums eine gewisse Publizität erforderlich. Bei beweglichen Sachen begründet der Besitz eine Eigentumsvermutung zugunsten des Besitzers (Art. 2279 C. c.); deswegen erfolgt der Eigentumsübergang Dritten gegenüber durch Lieferung der Sache. Bei Grundstücken gelten ganz andere Regeln. Viele Immobilien sind bekanntlich im Besitz von Personen, die nicht Eigentümer dieser Immobilien sind (z. B. Mieter); infolgedessen kann das Gesetz aus dem tatsächlichen Besitz keinen Schluß auf das Eigentum ziehen. Im Gegensatz zu Mobilien sind Grundstücke leicht zu identifizieren. Schon im Mittelalter gab es Register, in denen die Grundstücke eines Eigentümers verzeichnet wurden, während eine allgemeine Aufzeichnung beweglicher Sachen und ihrer Eigentümer absolut undurchführbar erscheint. Deswegen ist nur für Grundstücke eine Eintragung vorgesehen. Leider ist bis heute das französische formelle Grundstücksrecht nicht ganz befriedigend. Lediglich in Elsaß-Lothringen ist das deutsche

Grundbuchsystem gültig. In den anderen Gebieten Frankreichs
gibt es nur eine Pflicht zur Eintragung dinglicher Rechte an
Grundstücken bei der „Conservation des Hypothèques" (Hypo-
thekenaufbewahrung). Diese „Conservation des Hypothèques"
ist ein öffentliches Amt, das zunächst mit der ausschließlichen
Zuständigkeit zur Eintragung von Hypotheken und Aufbewahrung der entsprechenden Aufzeichnungen betraut war. 1855
hat der Gesetzgeber die Eintragung jedes Grundstückskaufs in
den Registern der Conservation beschlossen. Die Publizität der
dinglichen Rechte an Grundstücken wurde dann allmählich
verallgemeinert. Durch das Dekret vom 4. Januar 1955 wurde
eine wichtige Reform eingeführt: publikationspflichtig sind
heute alle Verträge, Vorgänge, Gerichtsentscheidungen, welche
dingliche Rechte an Grundstücken übertragen oder begründen.
Die Eintragung muß aufgrund einer gerichtlichen oder notariellen Urkunde erfolgen. Eine doppelte Kartei (fichier im-
mobilier = Immobiliarverzeichnis) ist geschaffen worden. Die
erste Kartei ist eine Personalkartei mit dem Namen des Eigentümers, die zweite (Parzellenkartei) wird unter der Bezeichnung der Grundstücksparzelle geführt. Natürlich stützt sich das
ganze System auf das Kataster, besonders in den Gemeinden,
wo das Kataster renoviert wurde. Der Registerführer (conservateur) ist nicht Richter, sondern Staatsbeamter. Die Eintra-
gungen haben nur Publizitätsfunktionen; die Kartei genießt
aber keinen öffentlichen Glauben wie das deutsche Grundbuch.
Die Eintragung in das chronologisch geführte Eingangsregister
bestimmt den Rang dinglicher Rechte. Ein nicht publizierter
Vorgang kann Dritten, die ein kollidierendes, aber schon pu-
bliziertes Recht am Grundstück haben, nicht entgegengehalten
werden. Die wichtigsten Wirkungen der Eintragung sind also
nur relativ.

Sondergesetze haben für gewisse Mobilien eine ähnliche Regelung vorgesehen. Es handelt sich um Flugzeuge, Schiffe, Kraftwagen und Handelsunternehmungen; es geht hierbei um leicht
identifizierbare Gegenstände von regelmäßig größerem Wert,
für welche Register geführt werden können. Die Eintragung
von Erwerb oder Pfandrecht muß bei unterschiedlichen dafür
vorgesehenen Stellen erfolgen. Ebenso wie bei Grundstücken ist

die Übereignung oder Verpfändung derartiger Mobilien Dritten gegenüber wirksam, sobald sie durch die gesetzlich vorgesehene Eintragung kundgemacht ist.

ee) Erwerb des Eigentums durch Ersitzung

Durch Ersitzung wird der Eigenbesitzer aufgrund eines länger dauernden Besitzes Eigentümer. Diese Institution scheint im französischen Recht eine größere Rolle als im deutschen zu spielen. Nicht in Register eintragungsfähige bewegliche Sachen kann derjenige, der gutgläubig Eigenbesitz erwirbt, sofort als Eigentum behalten, wenn die Sache nicht gestohlen oder verlorengegangen war. Gestohlene oder verlorene Sachen können während drei Jahren von ihrem Eigentümer vindiziert werden; der gutgläubige Eigenbesitzer wird also in diesem Fall erst nach Ablauf von drei Jahren Eigentümer (Art. 2279 C. c.). Hat aber der gegenwärtige Besitzer die gestohlene oder verlorene Sache auf einer Messe, einem Markt oder in einer öffentlichen Versteigerung oder von einem Kaufmann, der mit dergleichen Sachen handelt, erworben, so kann der ursprüngliche Eigentümer sie innerhalb der Dreijahresfrist nur dann herausverlangen, wenn er dem gutgläubigen Eigenbesitzer den Preis erstattet, den dieser dafür gezahlt hat (Art. 2280 C. c.).

Der Erwerb des Eigentums an einem Grundstück durch Ersitzung dauert 10 oder 20 Jahre. Wer gutgläubig und aufgrund eines rechtmäßigen Titels eine Liegenschaft erwirbt, ersitzt das Eigentum dann in 10 Jahren, wenn der wahre Eigentümer im Bezirk des für das Grundstück zuständigen Appelationsgerichts wohnt, und in 20 Jahren, wenn er außerhalb dieses Bezirkes wohnhaft ist (Art. 2265 C. c.). Diese Ersitzung setzt Eigenbesitz, guten Glauben, rechtmäßigen Titel (z. B. Erwerb durch Kauf oder Erbgang) und Zeitablauf voraus. Der gute Glaube wird dabei stets vermutet (Art. 2268 C. c.).

Außerdem bestimmt Art. 2262 C. c., daß sowohl dingliche wie auch persönliche Klagen in 30 Jahren verjähren. Das hat zur Folge, daß der Eigenbesitzer einer beweglichen oder unbeweglichen Sache, selbst wenn er bösgläubig und ohne Titel besitzt, nach Ablauf von 30 Jahren eine unangreifbare Position hat und daher als Eigentümer der Sache angesehen wird. Da die

Publizität der dinglichen Rechte an Grundstücken viele Lücken
aufweist, wird bei notariellen Kaufverträgen über Liegenschaften für gewöhnlich vom Verkäufer erklärt, daß er und
seine Vorfahren mehr als 30 Jahre lang das verkaufte Grundstück in Eigenbesitz gehabt haben; damit gilt das Eigentum
des Verkäufers als erwiesen.

f) Besitz

Der Eigenbesitz (possession), auf den sich die Ersitzung stützt,
ist die rein tatsächliche Herrschaft über eine Sache; er liegt vor,
wenn der Besitzer die Sache als dinglich Berechtigter in seiner
Gewalt hat. Für gewöhnlich ist der Eigenbesitzer auch Eigentümer, wenn es auch vorkommt, daß der Besitzer das Eigentum nicht erworben hat. Der Besitzer, welcher nicht Eigentümer
ist, kann gutgläubig oder bösgläubig sein. Gutgläubig ist derjenige, der glaubt, er habe das Recht an der Sache wirksam erworben: z. B. in der Mehrzahl der Fälle der Scheinerbe oder
der Erwerber von einem Nichteigentümer; im Gegensatz dazu
ist der Dieb bösgläubiger Besitzer.

Wirkungen des Besitzes

Jeder Besitz wird durch Besitzschutzklagen (actions possessoi-
res) geschützt und ermöglicht die Ersitzung, bei einem bösgläu-
bigen Besitzer freilich erst nach 30 Jahren. Bei beweglichen
Sachen wird vermutet, daß der Besitzer Eigentümer ist. Im
Falle einer Eigentumsklage gegen den Besitzer (action pétitoire
en revendication) trägt der Kläger die Beweislast für sein
Eigentum. Nach einer alten, immer noch geltenden Regel des
römischen Rechts erwirbt der gutgläubige Besitzer auch die
Früchte der Sache (Art. 549 C. c.).

Détention oder Fremdbesitz darf mit dem Eigenbesitz nicht
verwechselt werden. Mieter, Entleiher und Verwahrer sind nur
Fremdbesitzer (détenteurs). Im Gegensatz zum Eigenbesitzer,
der die Sache als ihm gehörend besitzt, weiß der Fremdbesitzer, daß die Sache ihm nicht gehört; er hat die Sache daher
nicht als eigene, sondern als fremde zu behandeln. Der Détenteur kann deshalb nie das Eigentum durch Ersitzung erwerben.

2. Dingliche Rechte an einer fremden Sache

Neben dem Eigentum kennt der Code civil dingliche Rechte, die eine fremde Sache belasten. Solche dinglichen Nutzungsrechte sind Grunddienstbarkeiten (z. B. Wegerecht) oder persönliche Dienstbarkeiten (z. B. Nießbrauch). Man kann sie als dingliche Teilrechte bezeichnen, da die dinglichen Rechte an der Sache zwischen dem Eigentümer und dem Inhaber der Dienstbarkeit geteilt sind.

a) Nießbrauch (usufruit)

ist das Recht, Sachen, an welchen ein anderer das Eigentum hat, wie der Eigentümer selbst zu benutzen, jedoch mit der Verpflichtung, die Substanz der Sache zu erhalten (Art. 578 C. c.). Gegenstand des Nießbrauches können Grundstücke, bewegliche Sachen und Rechte sein, sofern sie nicht verbrauchbar sind. Umfaßt der Nießbrauch solche Sachen, die man nicht gebrauchen kann, ohne sie zu verbrauchen, wie z. B. Geld, Getreide, Getränke, so hat der Nießbraucher das Recht, sich derselben zu bedienen, jedoch unter der Verpflichtung, bei Beendigung des Nießbrauchs Sachen von gleicher Art, Menge und Wert zu erstatten (Art. 587 C. c.); dies heißt „quasi usufruit", das ist uneigentlicher Nießbrauch. Im übrigen ist der Nießbraucher stets berechtigt, die Nutzungen und Früchte der Sache zu ziehen, sofern er nicht in die Substanz der Sache eingreift. Er kann die Sache vermieten, trägt jedoch die Kosten der Instandhaltung der Sache.

Im Gegensatz zu den Früchten gehören die außerordentlichen Erzeugnisse der Sache („produits") nicht dem Nießbraucher, sondern dem Eigentümer („nu-propriétaire").

Der Nießbrauch wird durch Gesetz oder Vertrag begründet (Art. 579 C. c.). Einen gesetzlichen Nießbrauch hat der überlebende Ehegatte, der neben Kindern als Erbe in Betracht kommt; er erhält ein Nießbrauchsrecht an einem Viertel des Nachlasses (Art. 767 C. c.). Dieses Recht steigert sich auf einen Nießbrauch an der Hälfte der Erbschaft, wenn der Erblasser nur Geschwister oder Aszendenten hinterläßt.

Das Recht des Nießbrauchers erlischt grundsätzlich mit seinem Tode; seine Erben sind verpflichtet, dem Eigentümer die dem Nießbrauch unterliegenden Gegenstände zurückzugeben. Der Nießbrauch kann auch durch gerichtliche Entscheidung beendet werden, wenn der Nießbraucher sein Nutzungsrecht mißbraucht (Art. 618 C. c.).

Neben dem Nießbrauch kennt der C. c. ein dingliches Wohnungsrecht, das im Gegensatz zum Nießbrauch unübertragbar ist; auch kann der Wohnungsberechtigte sein Recht nicht vermieten (Art. 634 C. c.), vielmehr kann der Berechtigte in dem Hause nur mit seiner Familie wohnen (Art. 632 C. c.).

b) Grunddienstbarkeiten

sind als Belastungen eines Grundstücks zugunsten eines einem anderen Eigentümer gehörenden Grundstücks zu definieren (Art. 637 C. c.), so z. B. ein Wegerecht. Eine Dienstbarkeit entsteht entweder aus der natürlichen Lage der Grundstücke zueinander, entweder kraft Gesetzes oder kraft Vertrages (Art. 639 C. c.). Art. 685-1 C. c. in der Fassung vom 25. Juni 1971 bestimmt, daß ein Wegerecht erlischt, sobald das herrschende Grundstück einen genügenden Zugang zu einer öffentlichen Straße erhalten hat, also wenn die Grunddienstbarkeit keinem wirtschaftlichen Zweck mehr dient.

IV. Schuldrecht
A. Allgemeiner Teil
1. Allgemeines

Das allgemeine Schuldrecht, welches die Rechtsbeziehungen zwischen Gläubiger und Schuldner regelt, ist in den Titeln III und IV des 3. Buches des Code civil geregelt. Viele Bestimmungen davon beruhen infolge der Rezeption des römischen (justinianischen) Rechts auf römisch-rechtlicher Grundlage.

Verbindlichkeiten sind entweder natürliche oder zivilrechtliche, je nachdem, ob sie auf dem Naturrecht oder auf dem positiven Recht beruhen. Nur zivilrechtliche Verbindlichkeiten können

gerichtlich geltend gemacht werden. Doch kann auch eine natürliche Verbindlichkeit gewisse Rechtswirkungen haben. Sie kann
freiwillig erfüllt werden (Art. 1235 C. c.); dann ist jegliche
Rückforderung wegen des Erbringens einer nicht geschuldeten
Leistung ausgeschlossen. Man kann sich ferner auch für eine
Verbindlichkeit verbürgen, welcher der Hauptschuldner eine
dauernde Einrede entgegensetzen könnte und die für ihn daher
nur eine natürliche Verbindlichkeit darstellt (Art. 2012 C. c.).
Im folgenden wird hier nur von den zivilrechtlichen Verbindlichkeiten (Schuldverhältnissen) die Rede sein.

Quellen und Begriff des Schuldverhältnisses

Ein Schuldverhältnis entsteht erstens durch einen Vertrag (Art.
1101-1369 C. c.), zweitens aus einer unerlaubten Handlung
(Art. 1382-1386 C. c.), oder drittens aus einem außervertrag-
lichen Verhältnis, das keine unerlaubte Handlung darstellt
(Art. 1371-1381 C. c.).

Das Wesen des Schuldverhältnisses (obligation) wird vom C. c.
nicht näher definiert. Nach herrschender Meinung gilt noch immer der traditionelle Begriff: die Obligation ist eine juristische Bindung, die eine Person (Schuldner = débiteur) einer
anderen (Gläubiger = créancier) gegenüber zu einem gewissen
Tun oder Unterlassen verpflichtet. Der Gläubiger kann die
Leistung des Schuldners vor Gericht einklagen. Obwohl die
Theorie von der Unterscheidung von Schuld und Haftung keine bedeutende Rolle spielt, kennt das französische Recht doch
auch schon Schuldverhältnisse, die keinen gerichtlichen Zwang
gegen den Schuldner erlauben: es sind natürliche Verbindlichkeiten, die manchmal nur eine moralische Verpflichtung bedeuten. Hauptbeispiele einer zivilrechtlichen Schuld ohne gerichtliche Durchsetzbarkeit sind verjährte Ansprüche sowie Ansprüche aus Spiel und Wette (Art. 1965 C. c.). Die Hauptquelle von Schuldverhältnissen ist der Vertrag (contrat). Er ist
als eine Unterart der Vereinbarung anzusehen. Unter Vereinbarung (im C. c. nicht definiert) ist jedes Einverständnis zwischen mehreren Personen zu verstehen. Der Vertrag ist diejenige Vereinbarung, welche ein Schuldverhältnis zur Entstehung
bringt. Wesen und Kraft der Vereinbarung bzw. des Vertrages

beruhen auf dem freien Willen der sich einigenden Parteien:
der Schuldner wird zu einer Leistung verpflichtet, weil er ein
Tun oder Unterlassen versprochen hat. Aus Art. 1134 C. c. ergibt sich, daß der Parteiwille für die Vertragschließenden bindend ist wie ein Gesetz. Es gilt im Gebiet des Schuldrechts das
Prinzip der Vertragsfreiheit. Im C. c. sind zwar mehrere Ty-
pen von Schuldverhältnissen aufgezählt und näher geregelt
(wie z. B. Kauf und Miete nach Art. 1582 ff. C. C. c.), aber es
können immer neue Vertragstypen durch abweichende Regelungen der Parteien geschaffen werden.

2. Der Vertrag

Wie überall kann ein Vertrag einseitig oder gegenseitig ver-
pflichtend sein, entgeltlich oder unentgeltlich (Art. 1102 ff.).
Wichtiger als solche Unterteilungen der Schuldverträge ist die
Frage, wie ein Vertrag zustandekommt und welche Wirkungen
er hat.

a) Voraussetzungen des Vertragsschlusses

Nach Art. 1108 C. c. gibt es vier Voraussetzungen für die
Gültigkeit eines Vertragsschlusses: die Einwilligung der Parteien, ihre Geschäftsfähigkeit, ein bestimmter und erlaubter
Vertragsgegenstand und ein erlaubter Rechtsgrund der Verpflichtung. Hier hat aber der C. c. die Voraussetzungen der
Entstehung des Vertrages mit denen seiner Unanfechtbarkeit
vermischt. Diese beiden Arten von Voraussetzungen werden in
der heutigen Doktrin scharf unterschieden. Voraussetzungen
des Vertragsschlusses sind Einwilligung, tauglicher Gegenstand
und erlaubter Grund. Wenn eine dieser Voraussetzungen fehlt,
ist der Vertrag absolut nichtig.

aa) Einwilligung (consentement)

bedeutet übereinstimmende Willenserklärung der Parteien hinsichtlich der wesentlichen Punkte des Vertrages; nach Art. 1583
ist z. B. Mindesterfordernis eines Kaufvertrages die Einigung
über Ware und Preis. Um eine gültige Einwilligungserklärung
abzugeben, müssen die Vertragspartner wissen, was sie tun.
Deshalb können diejenigen Personen, die nicht die erforder-

liche Einsicht in die Bedeutung des Rechtsgeschäfts haben (Kinder in jugendlichem Alter und Geisteskranke), keinen wirksamen Vertrag abschließen. Obwohl der C. c. darüber schweigt, ist die Einigung der Parteien in zwei getrennte Elemente, Angebot und Annahme, zu zerlegen. Das Angebot kann ausdrücklich oder stillschweigend an eine oder mehrere Personen gerichtet werden. Der Vertrag kommt durch die Annahme des Angebots zustande. Von Ausnahmen, besonders im Handelsrecht, abgesehen, ist das Schweigen auf eine Offerte keine Annahme. Wenn beide Vertragspartner an verschiedenen Orten wohnhaft sind, ist sehr umstritten, wo und wann ein Vertrag als geschlossen gilt.

Die Frage, die z. B. für die gerichtliche Zuständigkeit wichtig ist, wurde im C. c. nicht geregelt. Die Vernehmungstheorie, nach welcher der Vertrag erst dann als geschlossen gilt, wenn der Offerent weiß, daß sein Angebot angenommen wurde, wird in der Rechtsprechung häufig befolgt. Es gibt aber darüber keine allgemeine Regel, und die Lösung hängt von der Auslegung des Parteiwillens im Einzelfall ab.

Angebot und Annahme sind grundsätzlich formfrei wie der Vertrag als ganzer. Diese Lösung ist die natürliche Folge der Vertragsfreiheit und des Konsensprinzips. Als Ausnahme dazu bedürfen einzelne wichtige Verträge einer besonderen Form (z. B. Schenkung eines Grundstücks nach Art. 931 C. c.; Bestellung einer Hypothek nach Art. 2127 C. c.; Eheverträge nach Art. 1394 C. c.). In diesen Fällen ist regelmäßig eine notarielle Urkunde erforderlich; der formbedürftige Vertrag kommt dann erst mit der Errichtung der Urkunde zustande. Davon muß man sorgfältig diejenigen Verträge unterscheiden, die im Zivilrecht nur mit einem Schriftstück bewiesen werden können. Laut Art. 1341 C. c. ist nämlich die schriftliche Beweisform für Verträge, die den Betrag oder den Wert von 50 Francs überschreiten, unentbehrlich. Im Gegensatz zum deutschen Recht ist im Falle der Veräußerung eines Grundstücks die notarielle Beurkundung theoretisch nicht erforderlich. Aber zufolge der Verordnung vom 4. Januar 1956 muß eine Veräußerung mittels einer öffentlichen (notariellen oder gerichtlichen) Urkunde

bekanntgemacht werden. Daher bedürfen Verträge, die dingliche Rechte an Grundstücken betreffen, der öffentlichen Beurkundung.

bb) Vertragsgegenstand (objet)

Jedes Schuldverhältnis muß eine bestimmte Leistung des
Schuldners zum Gegenstand haben. Die Wahl des Vertragsgegenstandes ist frei, sofern die Leistung nicht unmöglich, gesetz-
oder sittenwidrig ist. Eine zukünftige Sache kann ohne weiteres vertraglich versprochen werden. Rechtsgeschäfte über zukünftige Nachlässe sind jedoch verboten (Art. 1130 C. c.).

cc) Rechtsgrund (cause)

Art. 1131 C. c. bestimmt, daß eine Verbindlichkeit, die keinen,
einen unrichtigen oder einen unerlaubten Rechtsgrund hat, keine Wirkung haben kann. Der C. c. hat aber den Begriff des
Rechtsgrundes nicht näher definiert; daher gehört dieser Begriff seit langem zu den umstrittensten des Zivilrechts. Die
„cause" ist der objektive Rechtsgrund der versprochenen Leistung. Bei gegenseitigen Verträgen handelt es sich um die Gegenleistung. Der Käufer z. B. verpflichtet sich, eine gewisse
Summe zu zahlen (Leistung), um eine Sache zu erwerben (Gegenleistung des anderen Teils = Rechtsgrund der Verpflichtung). Die „cause" kann auch als objektiver Zweck der Schuld
angesehen werden. Obwohl dieser Begriff der „cause" umstritten geblieben ist, spielt er jedoch in der Rechtsprechung
öfters eine Rolle: ein Vertrag, der einen gesetz- oder sittenwidrigen Zweck hat, wird aufgrund des Art. 1131 C. c. für
nichtig erklärt.

Liegen Einwilligung, Gegenstand und erlaubter Rechtsgrund
vor, so ist der Vertrag wirksam entstanden. Er kann aber dann
allenfalls noch aus bestimmten Gründen angefochten werden.
Um jede Anfechtbarkeit auszuschließen, muß die Einwilligung
einwandfrei und von geschäftsfähigen Personen gegeben worden sein. Das Zivilrecht kennt drei Fehler, welche die Gültigkeit der Einwilligung anfechtbar machen: Irrtum, Täuschung
und Drohung. Sie sind die drei sogenannten „vices du con-
sentement".

dd) Willensmängel

(1)   Irrtum (erreur)

Die herrschende Lehre unterscheidet drei Arten des Irrtums. Es gibt Fälle, in denen der Irrtum so schwerwiegend ist, daß keine wirkliche Einwilligung vorliegt und somit kein Vertrag zustandegekommen ist. Dabei handelt es sich um den Irrtum über die Natur des Rechtsgeschäfts (z. B. will ein Partner eine Sache verkaufen, die der andere als Geschenk zu erhalten glaubt), oder über die Identität des Vertragsgegenstandes. Im Gegensatz dazu gibt es auch leichte Irrtümer, die keinen Einfluß auf die Gültigkeit des Vertrages haben: jemand kauft eine Sache, weil er irrtümlich glaubt, daß er die Sache benötige. Dieser Motivirrtum ist kein Anfechtungsgrund. Die dritte Art des Irrtums berechtigt zur Erhebung der Anfechtungsklage gegen den geschlossenen Vertrag, so in den Fällen des Art. 1110. Es handelt sich dabei um den sogenannten Substanzirrtum, d. h. um den Irrtum über eine wesentliche Eigenschaft der Sache sowie um den Irrtum über die Person, mit der man den Vertrag schließen will, wenn die Rücksicht auf diese Person für den Vertragsschluß von entscheidender Bedeutung ist. In diesen Fällen ist der Irrtum allerdings nur dann wesentlich, wenn er für den Vertragsschluß ursächlich war und der Schuldner sich nicht verpflichtet hätte, wenn er die Wahrheit gewußt hätte.

(2)   Die Täuschung (dol).   Ein Vertrag kann ferner angefochten werden, wenn der eine Teil den anderen durch solche Täuschung zum Vertrage bestimmt hat, daß der andere Teil ohne diese Täuschung den Vertrag offenbar nicht geschlossen haben würde (Art. 1116 C. c.). Hierbei kommt allerdings nur die Täuschung eines Vertragspartners gegenüber dem anderen in Betracht.

(3)   Die Drohung (contrainte, violence) ist ein physischer oder moralischer Zwang, der auf eine Person ausgeübt wird, um den Abschluß eines Vertrages zu erreichen. Sie ist Anfechtungsgrund auch dann, wenn sie von einem Dritten ausgeübt worden ist (Art. 1111 C. c.). Der Zwang muß für das Rechtsgeschäft bestimmend gewesen sein; der Richter berücksichtigt hierbei das Alter, das Geschlecht und die sonstigen Verhältnisse der betroffenen Personen (Art. 1112 C. c.).

(4) Übervorteilung (lésion). Anfechtbarkeit des Rechtsgeschäfts kann auch — aber ausnahmsweise — in Fällen der Übervorteilung gegeben sein (Art. 1118 C. c.). Der Hauptfall einer solchen Anfechtbarkeit ist gegeben, wenn bei Verkauf eines Grundstücks der Verkäufer um mehr als sieben Zwölftel des Grundstückswerts bei der Preisbemessung benachteiligt worden ist (Art. 1674 C. c.).

(5) Geschäftsfähigkeit der Vertragschließenden
Jedermann kann Verträge schließen, wenn er nicht durch das Gesetz dazu für unfähig erklärt ist (Art. 1123 C. c.). Geschäftsunfähig sind die nicht emanzipierten Minderjährigen oder Geistesgestörte, die sich unter Kuratel oder unter gerichtlichem Schutz befinden (Art. 1124, 488 C. c.). Im Gegensatz zu den unter Vormundschaft stehenden Geisteskranken, die absolut geschäftsunfähig sind, dürfen junge Leute und Geistesgestörte Verträge schließen; wenn der Vertrag sie aber benachteiligt, kann er angefochten werden.

b) Nichtigkeits- oder Anfechtungsklage
Anders als im deutschen Recht ist ein fehlerhafter Vertrag nicht ipso iure nichtig oder durch eine einseitige Willenserklärung anfechtbar. Vielmehr muß die Unwirksamkeit des Vertrages durch Urteil ausgesprochen werden. Ein solches Urteil hat allerdings immer rückwirkende Kraft. Im übrigen sind die Nichtigkeitsklagen verschiedenen Regeln unterworfen. Die Klagefrist bei der Anfechtbarkeit (gleich nullité relative) ist auf 5 Jahre (anstatt sonst 30) reduziert. Klagebefugt ist nur derjenige, der Schaden erlitten hat, während in Fällen absoluter Nichtigkeit (nullité absolue) jeder Interessierte die gerichtliche Nichtigerklärung beantragen darf. Im Falle der bloßen Anfechtbarkeit kann übrigens der Vertrag auch bestätigt werden.

c) Vertragswirkungen
Gesetzmäßig zustandekommende Verträge gelten für die vertragschließenden Parteien wie Gesetze (Art. 1134 C. c.). Die Parteien sind daran gebunden und müssen die versprochenen Leistungen nach Treu und Glauben erfüllen. Der Vertrag kann nur bei Einverständnis beider Partner geändert oder aufge-

hoben werden. Sofern es sich nicht um höchstpersönliche Leistungen handelt, sind auch die Erben der Vertragschließenden wie die Parteien selbst gebunden.

Der Vertrag gilt als Gesetz nicht nur für die Parteien und ihre Erben, sondern auch für den Richter und den Gesetzgeber. Der Richter ist verpflichtet, den Vertrag durchführen zu lassen; er darf ihn nur auslegen, wenn dunkle oder doppeldeutige Bestimmungen vorhanden sind; er darf ihn aber nicht abändern. Auch eine Veränderung der Umstände berechtigt nicht zur Auflösung des Vertrages oder zu einer Änderung der versprochenen Leistung. Der Kassationshof hat immer die sogenannte Theorie der Unvorhersehbarkeit (imprévision) oder der „clausula rebus sic stantibus" abgelehnt. Infolge des Geldnominalismus (Art. 1895 C. c.) kann der Schuldner, der vielleicht vor längerer Zeit 10.000 frs versprochen hat, sich mit derselben Summe befreien, auch wenn in der Zwischenzeit eine starke Geldentwertung eingetreten ist. Das unerwartete, auffällige Mißverhältnis von Leistung und Gegenleistung spielt gegenüber dem ausdrücklichen Vertragsinhalt keine Rolle. Um diesen Übelstand zu vermeiden, können die Parteien jedoch Wertsicherungsklauseln oder Vertragsauflösungsklauseln ausdrücklich vereinbaren. Nur in vereinzelten Fällen hat der Gesetzgeber alte Geldschulden aufgewertet. Im allgemeinen ist der Vertrag auch für den Gesetzgeber bindend, weil ein neues Gesetz nur für die Zukunft gilt (Ausschluß der rückwirkenden Kraft der Gesetze (Art. 2 C. c.)).

Dritten gegenüber soll ein Vertrag grundsätzlich keine Wirkungen entfalten (Art. 1165 C. c.). Dieses Prinzip kennt aber etliche Ausnahmen. So gibt es z. B. Verträge zugunsten Dritter: Hauptbeispiel ist die Lebensversicherung. Außerdem kann ein Gläubiger mit der sogenannten „actio pauliana" Verträge anfechten, die sein Schuldner zur Benachteiligung der Gläubigerrechte geschlossen hat (Art. 1167 C. c.).

Der veraltete Art. 1121 regelt Verträge zugunsten Dritter (stipulations pour autrui). Nur wenn der Dritte das zu seinen Gunsten vereinbarte Rechtsgeschäft bestätigt, erwirbt er das Recht, die Leistung vom Schuldner zu fordern. Verträge zu

Lasten Dritter sind grundsätzlich unzulässig, da niemand ohne
seine eigene Willenserklärung durch das Versprechen eines
Dritten verpflichtet werden kann. Nur der Erbe kann durch
den Vertrag des Erblassers, der Auftraggeber durch den Vertrag seines Bevollmächtigten Schuldner werden. Jedoch kann
jedermann sich einem Gläubiger gegenüber verpflichten, auf
einen Dritten einzuwirken, daß dieser dem Gläubiger eine
Leistung erbringt. Dieser „porte-fort" Vertrag ist gültig zwischen den Parteien eines solchen Versprechens; der Dritte wird
aber dadurch nicht gebunden. Falls der Dritte sich weigert, die
vorgesehene Leistung zu erbringen, hat der Gläubiger einen
Schadensersatzanspruch gegen denjenigen, der die Leistung eines Dritten versprochen hatte (Art. 1120 C. c.). Der Vertrag,
durch den der Versprechende sich verpflichtet, für die Leistung eines Dritten einzustehen, wird gelegentlich bei Teilung
einer Erbschaft verwendet, wenn einer der Erben abwesend
oder minderjährig ist.

d) Die „actio Pauliana"

Laut Art. 1167 C. c. können Gläubiger in ihrem eigenen Namen solche Rechtshandlungen anfechten, die ihr Schuldner zur
Benachteiligung der Rechte des Gläubigers vorgenommen hat.
Diese aus der römischen Überlieferung übernommene Klage
hilft dem Gläubiger dazu, eine fraudulöse Vermögensminderung seines Schuldners durch Rückgängigmachen von dessen
Rechtsgeschäften zu beseitigen. Grundsätzlich sind alle fraudu-
lösen Rechtsgeschäfte anfechtbar: ausgenommen sind nur Er-
füllungsgeschäfte und Teilung. Voraussetzungen der Klage sind
der Schaden des Gläubigers und die benachteiligende Handlung auf Seiten des Schuldners. Der Schaden besteht in der
Zahlungsunfähigkeit des Schuldners infolge einer Verminderung seines Vermögens. Die Vermögensminderung kann sowohl
aus einem entgeltlichen Rechtsgeschäft (z. B. Verkauf zu einem
zu niedrigen Preis) als aus einem unentgeltlichen (Schenkung)
herrühren. Das Rechtsgeschäft muß von dem Schuldner in der
Absicht vorgenommen worden sein, sein Vermögen zu vermindern oder mindestens in Kenntnis dessen, daß er damit seine
Zahlungsfähigkeit gefährdet. Die Aufhebung des angefochtenen

Rechtsgeschäfts wird nur im Interesse des Klägers ausgesprochen. Der Dritte, der die umstrittene Leistung erhalten hat, muß sie zurückerstatten, jedenfalls, wenn es sich um einen unentgeltlichen Erwerb handelt. Bei entgeltlichen Rechtsgeschäften zwischen Schuldner und Drittem braucht die Sache jedoch nur dann herausgegeben zu werden, wenn der Dritte im Zeitpunkt des Erwerbes der Sache bösgläubig war. Gegen einen zweiten Erwerber kann die Klage nicht mehr erhoben werden. Sie ist als persönlich („personnelle") und nicht als dinglich anzusehen; ein Eigentumsherausgabeanspruch (Revindikationsklage) ist also ausgeschlossen. Der Erwerber, der die Sache nicht zurückerstatten kann oder will, wird lediglich schadensersatzpflichtig.

e) Leistungsstörungen

Wenn eine Leistung vom Schuldner nicht ordnungsgemäß erbracht wird, kann der Gläubiger den Schuldner durch eine förmliche Mahnung in Verzug (demeure) setzen (Art. 1139, 1146 C. c.). Diese Mahnung besteht grundsätzlich in der Zustellung einer Leistungsaufforderung durch einen Gerichtsvollzieher. Diese Mahnung ist aber unnötig, wenn der Vertrag selbst bestimmt, daß durch den bloßen Eintritt des Fälligkeitstermins der Schuldner in Verzug geraten solle. Als Mahnung ist auch die Erhebung einer Leistungsklage anzusehen. Ist der Schuldner in Verzug, so hat er dem Gläubiger allen aus dem Verzug entstehenden Schaden zu ersetzen. Bei Geldschulden muß er gesetzliche Zinsen in Höhe von 5 % (im Handelsrecht 6 %) zahlen, wenn im Vertrag selbst nicht höhere Zinsen vorgesehen sind. Bei Stück- oder Speziesschulden geht auch die Gefahr des zufälligen Untergangs oder der zufälligen Verschlechterung der Sache zu Lasten des Schuldners. Bei einem gegenseitigen Vertrag kann der Gläubiger ferner, wenn er zugleich Schuldner ist, seine Leistung solange verweigern, als er die Gegenleistung nicht erhält (Zurückbehaltungsrecht).

aa) Wesen der Nichterfüllung

Um das etwaige Vorliegen von Nichterfüllung festzustellen, muß der Richter zunächst den Vertrag auslegen und klären, was der Schuldner ausdrücklich oder stillschweigend versprochen

hat. Der C. c. selbst unterscheidet die Verpflichtungen zu einem
„Geben", zu einem „Tun" und zu einem „Nichttun" oder Unterlassen (Art. 1136 ff. C. c.). Bei den Verbindlichkeiten zu
einem Tun (obligations de faire) hat die Rechtsprechung eine
weitere Unterscheidung zwischen den „obligations de moyens"
und „obligations de résultat" gemacht. Durch die „obligation
de résultat" verpflichtet sich der Schuldner zur Herbeiführung
eines bestimmten Erfolges (z. B. Transportvertrag). In dem
anderen Fall ist er nur verpflichtet, geeignete Handlungen
vorzunehmen oder passende Mittel zu einem bestimmten Erfolg anzuwenden, da er den Erfolg selbst nicht garantiert hat.
Der Gläubiger einer „obligation de résultat" braucht für seine
Ansprüche nur den Nichteintritt des versprochenen Erfolges
zu beweisen, während bei der „obligation de moyens" er
schuldhafte Nichterfüllung des Schuldners beweisen muß.

Wenn trotz der Mahnung des Gläubigers die Leistung ganz
oder teilweise unterbleibt, muß der Vertrag gerichtlich durchgesetzt werden. Der Schuldner wird verurteilt, entweder die
versprochene Leistung in natura zu erbringen, oder anstelle
der ausgefallenen Leistung Schadensersatz zu zahlen. Die Leistung kann jedoch nicht verlangt werden, wenn sie tatsächlich
juristisch oder wirtschaftlich unmöglich ist. Der Schuldner hat
bei den „obligations de résultat" die Beweislast: er wird wegen
Nichterfüllung seiner Verbindlichkeiten verurteilt, sofern er
nicht nachweist, daß die Nichterfüllung auf einem von ihm
nicht zu vertretenden Umstand beruht, mag auch auf seiner
Seite keine Böswilligkeit vorliegen (Art. 1147 C. c.). In der
Praxis muß der Schuldner beweisen, daß die Leistung durch
Zufall oder höhere Gewalt unmöglich geworden ist (Art. 1148
C. c.). Theoretisch sind Zufall und höhere Gewalt zwei ver-
schiedene Begriffe, öfters werden sie aber in der französischen
Praxis nicht auseinandergehalten. Nach der Rechtsprechung des
Kassationshofs ist die Nichterfüllung vom Schuldner nicht zu
vertreten, wenn die versprochene Leistung durch ein unvorher-
sehbares und unabwendbares Ereignis unmöglich geworden ist.
Unter Zufall und höherer Gewalt versteht man Erdbeben,
Überschwemmung, Blitzschlag sowie Schäden, die durch Kriegs-
handlungen entstanden sind, aber auch Verhalten Dritter, für

das der Schuldner nicht einzustehen hat. „Le fait du prince",
d. i. die Handlung oder Entscheidung einer Behörde, gehört
auch zur höheren Gewalt, während umstritten ist, ob zur höheren Gewalt auch die Fälle zu zählen sind, wenn die Nichterfüllung lediglich auf Frost zurückgeht oder durch Streik verursacht wurde. Naturgemäß spielt die Unmöglichkeit der Leistung die entscheidende Rolle, wenn es sich um eine Spezies-
schuld handelt. Die Gattungsschuld kann nie so leicht durch
Unmöglichkeit erlöschen, weil eine Gattungssache wie Getreide
regelmäßig vorhanden ist; insbesondere erlischt die Geldschuld
nicht durch Unmöglichkeit, weil Geld immer als vorhanden
angesehen wird.

Wenn der Schuldner Zufall oder höhere Gewalt nicht beweisen
kann, wird er gerichtlich zur Erfüllung seiner Verpflichtung
verurteilt. Wenn möglich, verurteilt der Richter zur Erfüllung
„in natura". Er kann aber z. B. auch den Gläubiger berech-
tigen, dasjenige, was der Schuldner entgegen einer Vereinbarung hergestellt hat, selbst zu beseitigen (Art. 1143 C. c.).
Er kann auch den Gläubiger ermächtigen, das Geschuldete auf
Kosten des Schuldners selbst ausführen zu lassen (Art. 1144
C. c.). Wenn es sich um eine Geldschuld handelt, wird der
Schuldner zur Zahlung des geschuldeten Kapitals und der Zinsen verurteilt; das Geld wird durch Pfändung und Versteigerung der Güter des Schuldners erlangt. Im Falle der Unmöglichkeit der Leistung verwandelt sich die vertragliche Verpflichtung, etwas zu tun oder zu unterlassen, in eine Schadensersatzpflicht (Art. 1142 C. c.).

In den Art. 1146 ff. werden Schadensersatz wegen Verzuges
und Schadensersatz wegen Nichterfüllung unterschieden. Grundsätzlich besteht der dem Gläubiger gebührende Schadensersatz
im Ausgleich des erlittenen Verlustes und des entgangenen Ge-
winns (Art. 1149 C. c.). Der Schuldner hat jedoch den Schaden,
der zur Zeit des Vertragsschlusses nicht vorhergesehen wurde
oder vorhergesehen werden konnte, nicht zu ersetzen, es sei
denn, daß er seine Verbindlichkeit vorsätzlich nicht erfüllt hat
(Art. 1150 C. c.). Natürlich hat der Gläubiger die Höhe seines
Schadens zu beweisen.

Art. 1153 C. c. enthält Sonderbestimmungen für Verbindlichkeiten, die sich auf die Zahlung einer bestimmten Geldsumme beschränken. Geschuldetes Kapital ist vom Schuldner, wenn er in Verzug gerät, immer zu verzinsen, auch ohne daß der Gläubiger nachzuweisen braucht, daß durch den Verzug ein Schaden entstanden ist. Ausnahmsweise kann der Gläubiger einen von den Verzugszinsen getrennten Schadensersatz verlangen, wenn der Schuldner ihm durch arglistiges Verhalten einen vom Verzug als solchen unabhängigen Schaden zugefügt hat. Wenn es sich um Nichterfüllung einer Verpflichtung zu positivem Tun oder zum Unterlassen handelt, kann das Gericht auf den Willen des Schuldners Einfluß nehmen, damit er die Leistung in natura erbringt: der Schuldner wird zur Zahlung einer bestimmten Geldsumme für jeden Tag der Verzögerung seiner Leistung verurteilt („astreintes"); diese Verurteilung soll vor allem durch die darin liegende Bedrohung mit weiteren Geldzahlungen wirken.

bb) Vertragsstrafe

Aufgrund der Vertragsfreiheit können die Beteiligten die Folgen der Nichtleistung durch Vertrag näher regeln. Hier wird häufig die Leistung eines bestimmten Schadensersatzes im voraus vereinbart. Wenn der Schuldner keinen Entlastungsbeweis erbringen kann, muß er die vereinbarte Pauschalsumme zahlen. Leider ist es dem französischen Richter unmöglich, auf Klage des Schuldners eine übermäßig hohe Vertragsstrafe auf einen angemessenen Betrag herabzusetzen (Art. 1152 C. c.).

f) Besondere Arten der Schuldverhältnisse (Vertragsmodalitäten)

Die einfache Verbindlichkeit zwischen einem Gläubiger und einen Schuldner heißt „obligation pure et simple". Die Leistung soll sofort erbracht werden, oder „Zug um Zug", wenn es sich um ein gegenseitiges Rechtsverhältnis handelt. Das rechtliche Verhältnis kann jedoch durch verschiedene Klauseln oder gesetzliche Bestimmungen kompliziert werden. Die besonderen Arten des Schuldverhältnisses heißen „modalités". In erster Linie kann die Verbindlichkeit bedingt oder befristet werden.

aa) Bedingung

Eine Bedingung (condition) ist ein zukünftiges und ungewisses Ereignis, von dem eine Verbindlichkeit abhängig ist (Art. 1168 C. c.). Die Bedingungen sind entweder aufschiebende (suspensives) oder auflösende (résolutoires) Bedingungen. Im Falle der aufschiebenden Bedingung ist die Verbindlichkeit noch nicht wirksam, solange der zukünftige und ungewisse Umstand, welcher die Bedingung bildet, noch nicht eingetreten ist. Während der Schwebezeit gibt es noch kein Schuldverhältnis, sondern nur eine Hoffnung auf ein Gläubigerrecht. Was während dieser Zeit dem Gläubiger aus Irrtum bezahlt worden ist, kann als eine Nichtschuld zurückgefordert werden. Jedoch darf der bedingte Gläubiger schon während der Schwebezeit alle die Rechtshandlungen vornehmen, die zur Sicherung seines etwaigen Interesses notwendig sind. Mit dem Eintritt der Bedingung tritt die von der Bedingung abhängig gemachte Wirkung mit rückwirkender Kraft ein: die Verbindlichkeit ist ganz so zu betrachten, als ob sie gleich anfangs unbedingt eingegangen worden wäre. Die Verpflichtung des Feuerversicherers ist unter einer aufschiebenden Bedingung eingegangen.

Jede Bedingung, deren Gegenstand unmöglich, den guten Sitten zuwider oder gesetzlich verboten ist, ist nichtig und macht den Vertrag nichtig, der von ihr abhängt (Art. 1172 C. c.). Eine Verbindlichkeit, die unter einer in die Willkür des Schuldners schlechthin gestellten Bedingung eingegangen worden ist, ist nichtig (Art. 1174 C. c.).

Die auflösende Bedingung gehört zu denjenigen Bestimmungen, die die Auflösung der Verbindlichkeiten regeln. Art. 1184 stellt ausdrücklich die wechselseitige Bedingtheit der Ansprüche beim gegenseitigen Vertrage dar. In einem solchen Vertrag ist stets eine auflösende Bedingung als stillschweigend für den Fall vereinbart anzusehen, daß einer von beiden Teilen seiner Verpflichtung nicht nachkommen sollte. Der Vertrag ist jedoch nicht ohne weiteres aufgelöst, sondern kann gerichtlich aufgelöst werden.

bb) Befristung (le terme)

Die Fälligkeit (exigibilité) oder das Erlöschen (extinction) eines Rechtsgeschäfts kann von zukünftigen, aber gewissen Umständen abhängig gemacht werden. Ein Termin kann ausdrücklich oder stillschweigend vereinbart werden. Die Verbindlichkeit ist betagt, wenn der Tag, an welchem sie zu erfüllen ist, noch nicht eingetreten ist. Die aufschiebende Befristung unterscheidet sich von der Bedingung dadurch, daß sie nicht die Verpflichtung in der Schwebe hält, sondern nur deren Erfüllung hinausschiebt (Art. 1185 C. c.). Was erst zu einer bestimmten Zeit geschuldet ist, kann nicht vor Ablauf der Zahlungsfrist gefordert werden; wenn aber der Schuldner schon vor dem Termin Zahlung geleistet hat, kann er sie nicht zurückfordern (Art. 1186 C. c.). Im Zweifel ist anzunehmen, daß die Zahlungsfrist zum Vorteile des Schuldners vereinbart wurde (Art. 1187 C. c.). Die vorzeitige Fälligkeit tritt ein, wenn der Schuldner in Konkurs oder in Zahlungsunfähigkeit gerät (Art. 1188 C. c.). Der auflösende Termin ist nicht gesetzlich geregelt, er ist aber üblich und sogar unentbehrlich in den Miet-, Leih- und Darlehensverträgen.

cc) Wahlverbindlichkeiten (obligations alternatives)

Bei ihnen kann der Schuldner sich befreien, wenn er eine der beiden versprochenen Sachen liefert (Art. 1191 C. c.). Das Wahlrecht steht ihm zu. Wenn eine der beiden Leistungen unmöglich wird, so muß der Schuldner die andere leisten.

dd) Mehrheit von Schuldnern und Gläubigern

Es kann vorkommen, daß in einem einzigen Schuldverhältnis, sei es auf der Schuldner-, sei es auf der Gläubigerseite, mehrere Personen nebeneinander stehen. Wenn es sich um eine teilbare Leistung (z. B.: Geld) handelt, kann jeder der mehreren Gläubiger nur seinen Teil der betreffenden Sache fordern und braucht jeder Schuldner nur seinen Teil zu leisten (Art. 1217 C. c.). Eine Leistung ist unteilbar, wenn sie zum Gegenstand eine Sache hat, deren Lieferung, oder eine Handlung, deren Vornahme einer tatsächlichen oder gedachten Teilung nicht fähig ist. (Lieferung einer einzigen Sache, eines lebendigen Tieres). Natürlich hat nur einer von den mehreren Schuldnern der unteilbaren Leistung sie ganz zu bewirken, bekommt aber von seinen Mitschuldnern eine ihren Teilen entsprechende Entschädigung.

Bei teilbarer Leistung kann eine Gesamtverbindlichkeit aus Gesetz, Vereinbarung oder Rechtsprechung vorkommen. Im Gegensatz zu der Gesamtgläubigerschaft, die selten vorhanden ist, kommt das Gesamtschuldverhältnis öfters vor (solidarité passive). Ein Gesamtschuldverhältnis liegt vor, wenn die Schuldner zu einer und derselben Leistung in der Art verpflichtet sind, daß jeder auf das Ganze in Anspruch genommen werden kann und die von einem einzigen Schuldner bewirkte Leistung die übrigen dem Gläubiger gegenüber befreit (Art. 1200 C. c.). Falls sie aus einer Vereinbarung herkommt, muß die Gesamtschuld ausdrücklich bedungen werden (Art. 1202 C. c.). Im Handelsrecht sind Gesamtschuldner die Mitglieder der offenen Handelsgesellschaft (Gesetz v. 24. Juli 1966, Art. 10), die verschiedenen Unterzeichner eines Wechsels (Art. 151 C. commerce) und im Steuerrecht die Miterben für die Zahlung der Erbschaftssteuer. Ebenso haften die Mittäter einer strafbaren oder unerlaubten Handlung gesamtschuldnerisch für die Zahlung der Geldstrafe und des Schadenersatzes.

Die Gesamtschuldnerschaft bewirkt für den Gläubiger eine Vereinfachung und eine Sicherheit der Forderung. Er kann nach seinem Belieben gegen jeden zahlungsfähigen Gesamtschuldner vorgehen und von ihm die ganze Leistung verlangen. Ein einziges Prozeßverfahren genügt und ist gegen alle Gesamtschuldner wirksam.

ee) Wechsel von Gläubiger und Schuldner — Eintritt eines neuen Gläubigers kraft Erfüllung

Befriedigt ein Dritter den Gläubiger an Stelle des Schuldners, ohne dabei in Schenkungsabsicht zu handeln, so tritt er unter gewissen Voraussetzungen in die Stellung als Gläubiger ein. Laut Art. 1249 C. c. ist der Eintritt in die Rechte des Gläubigers zugunsten eines Dritten, der ihn befriedigt (Surrogation), entweder vertraglich oder gesetzlich. Die vertragliche Surrogation beruht in der Praxis auf einem Vertrag, den der Schuldner mit dem Dritten, der für ihn leistet, abschließt (Art. 1250 C. c.).

Ohne besonderen Vertrag tritt die Surrogation in den vier im Art. 1251 aufgezählten Fällen kraft Gesetzes ein. In dem Hauptfall findet der Eintritt als Gläubiger von Rechts wegen statt zugunsten dessen, der, weil er mit andern oder für andere zur Erfüllung der Schuld verpflichtet war, ein Interesse daran hatte zu tilgen. Infolgedessen wird derjenige, der als Gesamtschuldner, Bürge oder Versicherer die Schuld tilgt, in alle Rechte des Gläubigers „subrogiert". Gemäß eigenartiger Wirkung der Surrogation erhält der leistende Dritte alle mit der getilgten Schuld zugunsten des bisherigen Gläubigers verbundenen Vorzugs- und Sicherungsrechte (z. B. Hypothek).

Neben der Surrogation ist noch zu erwähnen, daß derjenige, der mit oder ohne Auftrag des Schuldners die Schuld tilgt, eine Klage auf Ersatz des Geleisteten hat. Im Gegensatz zur Surrogation tritt er jedoch nicht in die Rechte des Gläubigers ein.

ff) Forderungsabtretung (cession de créance)

Die Forderungsabtretung ist der Vertrag, durch den ein Gläubiger eine ihm zustehende Forderung an einen neuen Gläubiger abtritt, wodurch dieser Gläubiger des bisherigen Schuldners wird. Im C. c. erscheint die Übertragung von Forderungen und anderen unkörperlichen Rechten als eine Unterform des Kaufvertrages. Die Übertragung kann aber auch durch Tausch, Einbringen in eine Gesellschaft, Abtretung an Zahlungs Statt und sogar unentgeltlich durch Schenkung erfolgen. Drei Personen kommen hauptsächlich in Betracht. Der Abtretende heißt „cédant" (Zedent), der Erwerber, „cessionnaire" (Zessionar), der Schuldner der abgetretenen Forderung ist der „débiteur cédé". Im Innenverhältnis, zwischen Zedent und Zessionar, wirkt die Abtretung mit Einigung der Parteien. Schriftform ist zur Gültigkeit des Abtretungsvertrags nicht verlangt. Wenn aber der Vertrag den Wert von 50 fcs überschreitet, ist eine schriftliche Urkunde oder mindestens ein Anfang eines schriftlichen Beweises im Falle eines Prozesses erforderlich. Die Schriftform ist auch deswegen notwendig, weil die Abtretung dem Schuldner mitgeteilt werden muß. Laut Art. 1690 erwirbt der Zessionar Dritten gegenüber die Forderung erst durch die förmliche Mitteilung der Übertragung an den Schuldner. Anstatt dieser Signifikation, die gewöhnlich durch einen Gerichtsvollzieher gemacht wird, kann die gleiche Wirkung durch die von dem Schuldner in einer öffentlichen Urkunde erklärte Annahme der Übertragung erreicht werden. Die Vorschrift des Art. 1690 C. c. dient zur Sicherung der Publizität im Interesse des Schuldners der abgetretenen Forderung und der Gläubiger des Zedenten. Im Handelsrecht ist diese Publizität auch erforderlich, wenn der Kaufmann, der sein Handelsgeschäft verkauft, sein Mietrecht am Handelslokal übertragen will: die Signifikation muß dem Vermieter zugestellt werden. Wenn der Schuldner, nachdem ihm der Zedent oder der Zessionar die Übertragung förmlich mitgeteilt hat, an den Zedenten zahlt, ist die Leistung unwirksam: der Schuldner ist nicht befreit (Art. 1691 C. c.). Laut Art. 1693 C. c. umfaßt die Haftung des Abtretenden die Existenz der Forderung zur Zeit der Übertragung, nicht aber die Güte der abgetretenen Forderung; um die Zahlungsfähigkeit des Schuldners zu garantieren, ist eine ausdrückliche Klausel erforderlich. Fehlt eine besondere Bestimmung, versteht sich diese Klausel nur für die gegenwärtige Zahlungsfähigkeit des Schuldners (Art. 1964, 1965 C. c.).

Infolge der Abtretung tritt der Zessionar hinsichtlich der Forderung an die Stelle des Zedenten. Es gehen daher auf den Zessionar mit der Forderung zugleich auch die mit der Forderung verbundenen Gewährleistungen, die Bürgschafts-, Vorzugs- und Unterpfandrechte über.

Besondere Regeln gelten in folgenden Fällen: 1) Bei Übertragung eines Erbrechts vor dem Erbfall. Über eine solche Erbschaft ist jede Vereinbarung nichtig (Art. 1130 C. c.). Die Abtretung eines zukünftigen Erbrechts ist also nicht erlaubt. 2) Wurde ein streitiges Recht übertragen, so kann der Schuldner sich von seiner Verbindlichkeit gegenüber dem Zessionar dadurch befreien, daß er ihm den tatsächlich gezahlten Zessionspreis mit den Kosten zurückzahlt (Art. 1699 C. c.). Die Forderung gilt als streitig, sobald über den Bestand des Rechtes ein Streitverfahren schwebt (Art. 1700 C. c.). 3) Die auf den Inhaber lautenden Forderungsurkunden (z. B. Wertpapiere) werden

durch die Abgabe der Urkunde von Hand zu Hand übertragen.
4) Die auf den Namen des Titulars lautenden Wertpapiere
werden erst durch Eintragung des Namens des Erwerbers in
den Registern des Emittenten übertragen. 5) Im Wechselrecht
geschieht die Übertragung durch Indossament mit Eigentums-
übertragung.
Die Schuldübernahme ist im C. c. nicht geregelt; sie kann nur
durch Novation mit Schuldnerwechsel eintreten.

3. Unerlaubte Handlungen

a) Grundsatz

Im C. c. finden sich nur 5 Artikel über unerlaubte Handlungen gegenüber 31 §§ im BGB. Der französische Gesetzgeber hat
bewußt darauf verzichtet, die einzelnen Fälle aufzuzählen, in
denen es zur Haftung eines Schädigers kommen kann. Die
durchweg sehr weitgefaßten Bestimmungen des C. c. sind seit
1804 kaum geändert worden; deswegen hat ihre Auslegung
durch die Rechtsprechung und die Rechtswissenschaft eine besonders große Rolle gespielt.
Im Gegensatz zu Rechtsgeschäften (actes juridiques) gehören
die unerlaubten Handlungen zu den nicht rechtsgeschäftlichen
menschlichen Handlungen (faits juridiques). Unerlaubte Handlungen werden im französischen Recht in Delikte und Quasi-
delikte eingeteilt (Art. 1370 und Überschrift zu Art. 1382 ff.
C. c.). Beide Begriffe umfassen rechtswidrige und schädigende
Handlungen (actes illicites et dommageables), die in keinem
Zusammenhang mit einem Vertrag zwischen Schädiger und
Geschädigtem stehen. Delikt ist die vorsätzliche rechtswidrige
und schädigende Tat, während Quasidelikt die fahrlässige
Schädigung bezeichnet. Die Unterscheidung ist geschichtlich zu
erklären, hat aber heute fast keine Bedeutung mehr, denn in
beiden Fällen muß der Schaden ersetzt werden.
Die Bezeichnung Delikt (délit) findet sich auch in der Termino-
logie des Strafrechts, wo sie entweder eine nach dem Strafge-
setzbuch strafbare Handlung oder ein Vergehen — im Gegensatz zu Verbrechen und Übertretung — kennzeichnet. Nicht
jede unerlaubte Handlung im Sinne des Zivilrechts ist zugleich
eine Straftat im Sinne des Strafrechts. Wenn dies aber der Fall

ist (z. B. beim Diebstahl), kann der Geschädigte als Nebenkläger (partie civile) neben dem Staatsanwalt am Verfahren teilnehmen und Schadensersatz vor dem Strafgericht verlangen. Außerdem verjährt im Falle einer Straftat der zivilrechtliche Anspruch in der kürzeren Frist des Strafrechts.

Die klassische Lehre sieht die Grundlage der Haftung für unerlaubte Handlungen im Verschulden des Handelnden. Diese subjektive Theorie stützt sich auf das Wort „Verschulden", das als Wesensmerkmal des Art. 1382 C. c. angesehen wird. Verschulden muß dem Handelnden vorwerfbar sein. Ein Kleinkind, das noch nicht weiß, was es tut, kann nicht persönlich auf Schadensersatz in Anspruch genommen werden. Gleiches galt bis 1968 für geistesgestörte Volljährige. Heute bestimmt der neue Artikel 489-2 C. c., daß Geisteskranke, gleichgültig ob sie entmündigt oder interniert sind, Dritten gegenüber schadensersatzpflichtig werden können, selbst wenn sie nach wie vor strafrechtlich nicht verantwortlich sind. Damit entwickelt sich die traditionelle Verschuldenshaftung zu einer objektiven Risikohaftung.

Die Haftung für unerlaubte Handlungen ist in drei Fallgruppen aufzugliedern.

b) Haftung für eigenes Handeln

Jede Handlung eines Menschen, welcher Art sie auch sei, verpflichtet dann, wenn sie einem anderen Schaden zufügt, denjenigen, durch dessen Verschulden, Nachlässigkeit oder Unvorsichtigkeit der Schaden entstanden ist, zum Schadensersatz (Art. 1382, 1383 C. c.). Drei Elemente sind hier wesentlich: der Schaden, das Verschulden und der Ursachenzusammenhang zwischen schuldhaftem Handeln und Schaden. Alle drei Elemente sind vom Kläger zu beweisen, wenn sie vom Beklagten bestritten werden.

(1) Der *Schaden* kann beliebiger Art sein: es kommt sowohl ein materieller wie ein ideeller Schaden in Betracht. In der reichhaltigen Rechtsprechung finden sich Verletzungen des Lebens, der Freiheit oder der Gesundheit, z. B. durch Übertragung einer ansteckenden Krankheit, sowie Vermögensschäden verschiedenster Art. Selbst der Verlust bloßer Gewinnchancen

im Wettbewerb genügt, um Schadensersatz beanspruchen zu können; auch Angehörige des Verletzten können Schmerzensgeld erhalten. In einer oft besprochenen Entscheidung hat der Kassationshof ausgesprochen, daß der Eigentümer eines getöteten Pferdes nicht nur für den objektiven Sachwert des Tieres, sondern auch für seinen persönlichen Schmerz Schadensersatz erhalten könne. Auch bei Verunglimpfungen durch Massenmedien kann sich ein Schadensersatzanspruch ergeben. Die sehr breiten Entschädigungsmöglichkeiten finden ihre Grenze dort, wo Schadensersatz nur bei Verletzung eines gesetzlich geschützten Interesses gewährt wird. Daher konnte früher der überlebende Partner einer wilden Ehe anläßlich der Tötung seines Lebensgefährten keine Entschädigung verlangen; aber im Februar 1970 hat der Kassationshof diese Einschränkung in einer feierlichen Sitzung aufgehoben. So kann man heute sagen, daß praktisch alle rechtswidrigen Verletzungen zu einem Schadensersatzanspruch führen.

(2) So wie in der römischen lex Aquilia die culpa et levissima zum Schadensersatz ausreichte, genügt auch heute schon das leichteste *Verschulden* (auch Unterlassungsverschulden), um den Urheber eines Schadens haftbar zu machen. Ein Verschulden liegt vor allem schon dann vor, wenn dasjenige unterlassen ist, was nach Gesetz, Gewohnheitsrecht, Sitte, ordnungsmäßiger Ausübung von Handwerk oder Technik obligatorisch oder üblich ist. Grundsätzlich wird jeder Verstoß gegen eine allgemeine Verhaltenspflicht als Verschulden gewertet. So haftet z. B. der Journalist oder Historiker, der etwas Unrichtiges schreibt, der Chirurg, der mit einer schlechten Technik operiert usw. Ob der Schädiger in gutem Glauben oder mit bestem Willen gehandelt hat, spielt keine entscheidende Rolle. Dies kommt in vielen Gerichtsentscheidungen zum Ausdruck. Auch Rechtsmißbrauch kann als schuldhafte Handlung gelten, nämlich wenn jemand sein Recht ausübt, um einem anderen Schaden zuzufügen (critère subjectif) oder zu einem anderen als dem normalen Zweck („critère objectif").

(3) Kausalzusammenhang zwischen Verschulden und Schaden
Damit eine Schadensersatzpflicht begründet wird, muß der

Schaden unmittelbar durch das verschuldete Tun oder Unterlassen des Schädigers verursacht worden sein. Doch braucht das Verhalten des Schädigers nicht die einzige Ursache des Schadens gewesen zu sein. Haben mehrere Ursachen für die Entstehung eines Schadens zusammengewirkt, so muß der Richter den Grad der Beteiligung und Verursachung des in Anspruch genomenen Schädigers schätzen. Sind mehrere Verursacher an dem Schaden mitschuldig, so entsteht eine Gesamtschuld: jeder haftet für den gesamten von allen Mittätern verursachten Schaden.

(4) Entlastungsmöglichkeiten

Der als Schädiger in Anspruch Genommene kann sich von jeder Haftung befreien, wenn er beweist, daß der Schaden durch höhere Gewalt oder Zufall entstanden ist. Unter höherer Gewalt versteht man auch Kriegsereignisse oder den bindenden Befehl einer vorgesetzten Stelle. Bei Körperschäden spielt die Einwilligung des Verletzten keine Rolle. Ob die Risikoübernahme durch den Verletzten eine Befreiung von der Schadensersatzpflicht oder Milderung der Haftung des Schädigers herbeiführt, ist bestritten und wird durch die Rechtsprechung nach Lage des Einzelfalls entschieden. Natürlich entfällt jede Haftung, wenn der Schaden seine alleinige Ursache im Verschulden des Verletzten hat.

c) Haftung für Handeln eines Dritten

Art. 1384 C. c. regelt drei Fälle, in denen man für Schädigungen durch Dritte haftbar gemacht werden kann, weil ein eigenes Verschulden vermutet wird.

(1) Eltern, welche eine Obhutspflicht über ihre minderjährigen Kinder haben, haften gesamtschuldnerisch für den Schaden, den die Kinder verursachen. Diese Haftung setzt voraus, daß die Kinder noch nicht emanzipiert sind und in Hausgemeinschaft mit den Eltern leben. Die gesetzliche Vermutung für ein Verschulden der Eltern anläßlich eines von ihren Kindern angerichteten Schadens ist jedoch leicht dadurch zu widerlegen, daß die Eltern beweisen, es sei ihnen unmöglich gewesen, das schädigende Tun ihrer Kinder zu verhindern.

(2)   Handwerker haften für den Schaden, den ihre Lehrlinge
während der Zeit verursachen, in welcher sie unter ihrer Aufsicht sind. Diese Haftung beruht ebenfalls auf einer widerleg-
baren Vermutung für Verschulden des Handwerkers. Ob der
Lehrling voll- oder minderjährig ist, spielt für die Haftung
keine Rolle.

(3)   Die Haftung von Geschäftsherrn für ihre Gehilfen ist im
übrigen viel strenger gestaltet. Hier gibt es keine Entlastung,
selbst wenn der Geschäftsherr nachweisen kann, daß er den Eintritt des Schadens nicht verhindern konnte (unwiderlegbare
Verschuldensvermutung). Der Geschäftsherr (maitre, commet-
tant) kann eine natürliche oder juristische Person sein, die zur
Zeit der schädigenden Handlung einen Dienstboten (domesti-
que) oder einen sonstigen Verrichtungsgehilfen (préposé) be-
schäftigt hat. Die Haftung tritt demnach nur dann ein, wenn
ein Über- und Unterordnungsverhältnis vorliegt; meistens handelt es sich um das Verhältnis von Arbeitgeber und Arbeitnehmer. Der Geschäftsherr haftet, wenn sein Gehilfe zur Zeit der
Ausübung seiner Arbeit einen Schaden verursacht. Eine weite
gerichtliche Auslegung der Haftungsvorschrift läßt es genügen,
daß der Schaden im Zusammenhang mit der aufgetragenen
Tätigkeit zugefügt wird. Haftbar ist z. B. der Dienstherr, dessen Angestellter in einer möbliert gemieteten Wohnung Gemälde gestohlen hat. Im französischen Recht besteht aber
keine Haftung für vermutetes Verschulden des Geschäftsherrn bei Werkvertrag, Auftrag oder Gefälligkeitsleistungen.
Zugunsten des Geschäftsherrn sind im übrigen nur wenige
Entlastungsbeweise zulässig: höhere Gewalt, Zufall, Verschulden des Geschädigten oder einer dritten Person. Letzteren-
falls kann die Haftung zwischen dem Geschäftsherrn und
dem schuldigen Dritten geteilt werden. Zur Zeit der Inkraftsetzung des Code civil gab es auch noch eine Haftung für vermutetes Verschulden der Lehrer hinsichtlich des Schadens, den
ihre Zöglinge während der Zeit verursachten, in welcher sie
unter ihrer Aufsicht standen. Die Verschuldensvermutung ist
aber für diesen Fall abgeschafft. Der Begriff „Lehrer" wurde
nämlich sehr weit ausgelegt: man verstand darunter z. B. auch

den Geistlichen, der die Aufsicht über eine Ferienkolonie hatte. Handelt es sich um eine öffentliche Lehranstalt, so haftet statt des Lehrers der Staat nach den Regeln des öffentlichen Rechts. Neben den drei Fällen der Haftung für Schädigungen durch Dritte anläßlich einer Verschuldensvermutung zum Nachteil der Eltern, Handwerker oder Geschäftsherren kann jemand für die schädigende Handlung eines Dritten haftbar gemacht werden, wenn ihm auch noch ein eigenes Verschulden hinsichtlich des Verhaltens des Dritten bewiesen wird. Unter dieser Voraussetzung haften z. B. auch Großeltern für schädigende Handlungen von unter ihrer Aufsicht stehenden Enkeln. In allen Fällen tritt die Haftung für Schädigung durch Dritte grundsätzlich neben die Haftung des Schädigers selbst, sofern dieser schuldfähig ist.

d) Haftung für Sachen

Der Code civil hatte zwei Fälle der Haftung für Sachen vorgesehen, in denen die Sachhalterhaftung keinen Verschuldensbeweis voraussetzte: die Haftung für Tier- und Gebäudeschäden. Erst seit 1930 hat die Rechtsprechung des Kassationshofs einen dritten Fall der Sachhalterhaftung entwickelt: die allgemeine Haftung des Halters einer schädigenden Sache.

aa) Haftung des Tierhalters

Nach Art. 1385 haftet der Eigentümer oder der sonstige Benützer eines Tieres für den Schaden, den dieses angerichtet hat, gleichgültig ob das Tier unter der Obhut des Eigentümers oder Benützers stand oder entlaufen war oder sich verirrt hatte. Die Haftung beruht auf der Vermutung eines Verschuldens des Tierhalters oder Benutzers des Tieres. Diese Verschuldensvermutung kann nur durch den Nachweis widerlegt werden, daß der Schaden durch Zufall, höhere Gewalt oder eigenes Verschulden des Geschädigten verursacht worden ist.

bb) Haftung für Gebäude

Der Eigentümer eines Gebäudes ist für den Schaden verantwortlich, der durch dessen Einsturz verursacht wird (Art. 1386 C. c.). Dies gilt nur zu Lasten des Eigentümers, dagegen nicht zu Lasten des Eigen- oder Fremdbesitzers, des Pächters oder

Dauermieters. Der Eigentümer haftet unmittelbar vom Zeitpunkt des Eigentumserwerbes an. Obwohl das Gesetz nur von Haftung für Einsturz (ruine) spricht, greift diese Haftung nach der Rechtsprechung auch bei der bloßen Ablösung von Gebäudeteilen ein. Der Geschädigte braucht nur zu beweisen, daß der Schaden infolge eines Mangels in der Unterhaltung des Gebäudes oder eines Fehlers beim Bau eingetreten ist. Der Eigentümer kann sich zu seiner Entlastung auf Zufall oder höhere Gewalt (z. B. Erdbeben, Überschwemmung) berufen. Im Falle eines mitwirkenden Verschuldens des Geschädigten oder eines Dritten kann die Haftung des Eigentümers gemindert werden oder ganz entfallen. Je nach den Umständen kann der Eigentümer einen Rückgriff gegen Architekten oder Bauunternehmer, die das Gebäude gebaut haben, oder gegen den mit der ordnungsmäßigen Erhaltung des Gebäudes Beauftragten geltend machen. Nach Art. 1792 C. c. haften der Baumeister und der Unternehmer zehn Jahre lang für fehlerhafte Bauweise oder die fehlerhafte Beschaffenheit des Baugrundes. Ist der Geschädigte ein Mieter des Hauses, so haftet ihm der Vermieter immer vertraglich nach Art. 1719 ff. C. c.

cc) Die allgemeine Sachhaftung gemäß Art. 1384 Abs. 1 C. c. Wer im eigenen Interesse die Obhut oder Aufsicht über eine Sache hat, haftet nach der Rechtsprechung für den Schaden, der durch diese Sache entstanden ist. Auch diese Haftung beruht auf einer Verschuldensvermutung. Ob die Sache an sich gefährlich ist oder nicht, spielt keine Rolle. Der in Anspruch genommene Halter (gardien) braucht nicht Eigentümer der Sache zu sein; es genügt, daß er zur Zeit des Schadenseintrittes die eigentlichen Kontroll-, Nutzungs- und Überwachungsbefugnisse bezüglich der Sache hatte. Deswegen haftet z. B. auch der Dieb, der mit einem gestohlenen Wagen einen Schaden verursacht. Für die Anwendung des Art. 1384 Abs. 1 C. c. kommen fast alle Sachen in Betracht. Die einzigen Ausnahmen betreffen Tiere und Gebäude, welche unter Art. 1385 und 1386 fallen, ferner Flugzeuge und Kernenergie, hinsichtlich derer die von ihnen verursachten Schäden in einer Sondergesetzgebung geregelt sind. Obwohl im übrigen die Haftung für Sachen beliebiger Art in Betracht kommt, handelt es sich bei der Mehrzahl ge-

richtlicher Entscheidungen um die Haftung für Kraftfahrzeuge.
Auch bei Gefälligkeitsfahrten entfällt die Sachhaftung seit einer
Entscheidung des Kassationshofs vom April 1969 gegenüber
dem Fahrgast nicht mehr. Der Geschädigte braucht kein Verschulden des Halters (gardien) bzw. des Fahrers nachzuweisen.
Die Verschuldensvermutung kann nur widerlegt werden, wenn
der Beweis erbracht wird, daß der Schaden auf höhere Gewalt,
Zufall, Verschulden des Geschädigten oder eines Dritten beruht.
Regelmäßig ist der Schädiger versichert, weil Jäger und Kraft-
fahrer zum Abschluß einer Haftpflichtversicherung gesetzlich
verpflichtet sind. Besteht eine Haftpflichtversicherung, so kann
der Geschädigte den Versicherer in den Grenzen des Versiche-
rungsvertrages unmittelbar in Anspruch nehmen.

Eine Sondergesetzgebung betrifft Schäden durch Flugzeuge oder
Kernenergie sowie Schäden, die ein Arbeiter bei Ausübung der
ihm aufgetragenen Arbeit erlitten hat. In diesen Fällen spielt
das Verschuldensprinzip überhaupt keine Rolle mehr: der Geschädigte hat immer einen Ersatzanspruch, sofern er den Schaden nicht selbst absichtlich verursacht hat.

In sämtlichen Fällen ist der Schadensersatz für unerlaubte
Handlungen grundsätzlich in Geld zu leisten. Der gesamte
Schaden muß wiedergutgemacht werden. Meistens wird die
Höhe des Schadens durch Sachverständige geschätzt.

4. Schuldverhältnisse aus einem außervertraglichen Verhältnis, das jedoch keine unerlaubte Handlung bildet oder „Quasikontrakte"

In einigen Fällen kann ein Schuldverhältnis durch geschäfts-
ähnliche Handlungen entstehen, obwohl ein einseitiges Rechtsgeschäft grundsätzlich kein Entstehungsgrund eines Schuldverhältnisses sein kann. Die Geschäftsführung ohne Auftrag erzeugt unabhängig vom Willen der Beteiligten Ansprüche zwischen dem Geschäftsführer und dem Geschäftsherrn. Derjenige,
der die Geschäfte einer anderen Person, welche an der Vornahme einer nötigen Handlung z. B. durch ihre Abwesenheit
verhindert ist, freiwillig führt, ist verpflichtet, die angefangene
Geschäftsführung sorgfältig fortzusetzen. Er unterwirft sich allen Verpflichtungen, die aus einem ausdrücklichen Auftrag ent-

stehen können (Art. 1372 ff. C. c.). Wer irrtümlich oder wissentlich etwas empfängt, was ihm nicht geschuldet wird, ist verpflichtet, es dem zurückzuerstatten, von dem er es ungerechtfertigterweise empfangen hat (Art. 1376 C. c.). Aus diesem Text des C. c. hat die Rechtsprechung ein allgemeines Verbot der ungerechtfertigten Bereicherung entnommen: wer durch die Leistung eines anderen oder in sonstiger Weise auf dessen Kosten etwas ohne rechtlichen Grund bekommen hat, ist ihm zur Zurückerstattung verpflichtet. Hat jemand, der sich irrtümlich für den Schuldner hielt, eine Leistung erbracht, so ist er berechtigt, den Gläubiger auf Rückleistung zu verklagen (Art. 1377 C. c.). Es muß auf seiten des Empfängers eine Bereicherung, auf seiten des Leistenden eine Vermögensverminderung vorliegen und die Vermögensverschiebung ohne rechtlichen Grund stattgefunden haben. Nach der Rechtsprechung schließt der gesetzwidrige Grund die Zurückerstattungsklage nicht aus.

5. Erlöschen der Schuldverhältnisse

Art. 1234 C. c. zählt die neun regelmäßigen Arten des Erlöschens von Schuldverhältnissen auf: Erfüllung, Novation, Erlaß, Aufrechnung, Konfusion, Untergang der geschuldeten Sache, Nichtigwerden oder Wiederaufhebung des Rechtsgeschäfts, Eintritt der auflösenden Bedingung und Verjährung.

a) Erfüllung

Im französischen Recht wird die Erfüllung mit „paiement" (Zahlung) bezeichnet, weil es meistens um die Erfüllung einer Geldleistung geht. Ganz allgemein ist aber Erfüllung die Erbringung der geschuldeten Leistung durch den Schuldner oder einen zur Leistung berechtigten Dritten. Der Leistende braucht nicht mit der Person des Schuldners identisch zu sein: in den meisten Fällen wird es dem Gläubiger nur darauf ankommen, daß er die Leistung erhält, nicht darauf, von wem er sie erhält (Art. 1236 C. c.). Wenn aber der Gläubiger ein besonderes Interesse daran hat, kann er der Erfüllung durch einen Dritten widersprechen (Art. 1237 C. c.). Dies wird dann der Fall sein, wenn es sich um eine höchstpersönliche Leistung handelt („intuitu personae" geschlossene Verträge, wie Auftrag und Per sonengesellschaft, Unterlassungsversprechen und evtl. die Arbeitsleistung). Die Leistung muß entweder an den Gläubiger selbst oder an einen Dritten erbracht werden, der vom Gläubiger oder gesetzlich zum Empfang der Leistung ermächtigt ist. Andernfalls liegt keine ordnungsgemäße Erfüllung vor; die Schuld besteht weiter und der Gläubiger kann die Leistung immer noch fordern, es sei denn, daß er nachträglich die Leistung an den nicht zum Empfang Berechtigten genehmigt oder ihm die Leistung tatsächlich zugutegekommen ist (Art. 1239 C. c.). Er braucht sich nicht auf Teilleistungen einzulassen, auch wenn die Leistung (wie z. B. bei der Geldschuld) teilbar ist (Art. 1244 C. c.). Der Richter kann jedoch unter Berücksichtigung der Lage des Schuldners angemessene Fristen (höchstens ein Jahr) für die Erfüllung bewilligen und Ratenzahlungen genehmigen. Regelmäßig ist der Wohnsitz des Schuldners Erfüllungsort; wenn im Gesetz oder im Vertrag nichts anderes bestimmt ist, muß die Leistung geholt und nicht gebracht werden (Art. 1247 C. c.). Der Schuldner muß genau leisten, was er versprochen hat. Eine Gattungssache muß mindestens von mittlerer Güte sein (Art. 1246 C. c.). Nach Art. 1243 C. c. kann der Gläubiger nicht gezwungen werden, eine andere als die geschuldete Sache anzunehmen, selbst wenn die angebotene Sache von gleichem oder sogar höherem Wert sein sollte. Wenn der Schuldner eine andere Sache an Erfüllungs Statt anbietet (datio in solutum), so kann nur die Zustimmung des Gläubigers zu einer solchen abweichenden Leistung ein Erlöschen des Schuldverhältnisses herbeiführen.

Bei einer Geldschuld spielt die Qualität oder Kaufkraft des Geldes keine Rolle. Infolge der Nennwerttheorie haben Kursschwankungen keinen Einfluß auf die Höhe der Geldschuld; die Verpflichtung aus einer Geldschuld geht immer nur auf den vertraglich angegebenen ziffernmäßigen Betrag (Art. 1895 C. c.). Die Parteien können jedoch eine Wertsicherungs- oder Sachwertklausel vereinbaren, die vorsieht, daß eine solche Summe zu zahlen ist, die wertmäßig einer bestimmten Menge bestimmter Sachwerte (z. B. Milch, Kubikmeter Mauerwerk usw.) entspricht, oder daß die zu zahlende Summe nach dem künftigen Stand eines Lebenshaltungsindex zu berechnen sein

soll. Solche Klauseln sind nach heutigem Recht gültig, 1. wenn
sie in enger Beziehung zu dem Zweck des Vertrages oder zur
Tätigkeit eines der Vertragschließenden stehen, oder 2. wenn
der Vertrag (Kauf, Miete usw.) ein bebautes Grundstück betrifft (Ges. vom 9. Juli 1970). In diesem letzteren Fall ist allein der öffentliche Baukostenindex für eine Wertsicherungsklausel anwendbar.

Zeit der Leistung

Infolge der Vertragsfreiheit dürfen die Parteien die Zeit der
Erfüllbarkeit und der Fälligkeit selbst bestimmen. Wenn sie in
einem gegenseitigen Vertrag nichts darüber bestimmt haben,
müssen sie ihre Leistungen Zug um Zug erbringen. Bei Mei-
nungsverschiedenheiten oder Zweifeln kann der Richter den
Vertrag auslegen und die Zeit der Leistung nach dem vermute-
ten Willen der Parteien festsetzen.

Verrechnung der Leistung (Zahlung) auf mehrere Forderungen

Wer aus mehreren Schuldverhältnissen verpflichtet ist, hat das
Recht, bei der Leistung zu erklären, welche Schuld er zu tilgen
gedenkt (Art. 1253 C. c.). Wenn der Schuldner keine Erklärung
abgibt und auch der Gläubiger von seinem Bestimmungsrecht
(Art. 1255 C. c.) keinen Gebrauch macht, gelten gesetzliche
Vermutungen: eine fällige Schuld wird vor der nichtfälligen
erfüllt, die lästigere Schuld vor der weniger lästigen und bei
gleicher Beschaffenheit aller Schulden wird die Leistung zuerst
auf die älteste, dann erst auf die jüngeren Schulden verrechnet
(Art. 1256 C. c.).

b) Novation und Delegation

Die Novation ist in den Art. 1271 ff. geregelt. Sie liegt vor,
wenn durch Vereinbarung der Parteien eine neue Schuld an die
Stelle der alten gesetzt wird oder wenn ein neuer Gläubiger
oder ein neuer Schuldner an die Stelle des alten tritt. Im Gegensatz zur Forderungsübertragung besteht dann das alte
Schuldverhältnis nicht weiter: es wird vielmehr eine neue Schuld
begründet; die für die alte Schuld bestehenden Vorzugs- und
Sicherungsrechte erlöschen. Deswegen ist die Novation als ein
„gefährlicher" Vertrag anzusehen: sie kann nur zwischen voll-

geschäftsfähigen Personen erfolgen, und der Wille der Parteien, sie vorzunehmen, muß aus dem Rechtsgeschäft ausdrücklich und klar hervorgehen. Die sogenannte Abordnung oder Delegation, durch die ein Schuldner seinem Gläubiger einen anderen Leistenden zur Verfügung stellt, bewirkt keine Novation, wenn der Gläubiger nicht ausdrücklich erklärt hat, daß er beabsichtige, seinen Schuldner, von dem die Delegation ausgeht, freizustellen (Art. 1275 C. c.). Infolgedessen bewirkt natürlich die Zahlung durch Ausstellung eines Schecks keine Novation.

c) Erlaß

Eine Forderung kann auch durch Erlaß (remise de dette) seitens des Gläubigers aus der Welt geschafft werden. Die Mitwirkung des Schuldners ist dazu nicht nötig. Art. 1282 C. c. hilft mit einer gesetzlichen Vermutung: die freiwillige Rückgabe des Originals einer Privaturkunde gilt als Beweis für die Befreiung von der Schuld.

d) Aufrechnung (compensation)

Schulden zwei Personen sich gleichartige Leistungen, so kann zwischen ihnen eine Aufrechnung erfolgen, die beide Schulden ganz oder teilweise zum Erlöschen bringt (Art. 1289 C. c.). Die Aufrechnung erleichtert nicht nur die Tilgung von Schulden; sie hat auch eine Schutzfunktion, die besonders wichtig ist, wenn einer der beiden sich gegenüberstehenden Schuldner insolvent ist. Abweichend vom deutschen Recht kennt das französische drei verschiedene Arten der Aufrechnung: die gesetzliche, die vereinbarte und die gerichtliche. Besonders wichtig ist davon die gesetzliche Aufrechnung, deren Voraussetzungen und Wirkungen in den Art. 1290 und 1291 C. c. aufgezählt sind. Die erste Voraussetzung ist die Gegenseitigkeit von Forderung und Gegenforderung. Beide Forderungen müssen nicht nur einredefrei und unbestritten sein, sondern auch „liquid", d. h. in bestimmter Höhe festgesetzt. Schließlich muß es sich um Forderungen auf Geld oder vertretbare Sachen handeln, da grundsätzlich nur Forderungen auf gleichartige Leistungen gegeneinander aufgerechnet werden können. Ausnahmsweise wird jedoch eine Geldforderung auch mit einer Forderung auf Getreide oder Lebensmittel verrechnet, wenn diese einen bestimmten

Marktpreis haben. Sind alle diese Voraussetzungen erfüllt, so erlöschen die gegenseitigen Forderungen unmittelbar kraft Gesetzes. Im Gegensatz zum BGB ist keine empfangsbedürftige Erklärung erforderlich. Liegen die Voraussetzungen für eine gesetzliche Aufrechnung nicht vor (z. B. weil eine Forderung noch nicht fällig ist), so können die Parteien einen Aufrechnungsvertrag schließen. Wenn eine der sich gegenüberstehenden Forderungen bestritten ist, kann der beklagte Schuldner durch Widerklage Klärung der Forderungen nach Grund und Höhe verlangen und damit eine gerichtliche Aufrechnung herbeiführen.

e) Konfusion

findet statt, wenn sich Gläubiger- und Schuldnereigenschaft in einer Person vereinigen, z. B. der Schuldner seinen Gläubiger beerbt (Art. 1300 C. c.).

f) Untergang der geschuldeten Sache

kann als Erlöschensgrund für Schuldverhältnisse nur bei Stückoder Speziesschulden vorkommen. Der Fall ist im französischen Recht selten, da der Gläubiger, z. B. der Käufer einer bestimmten Sache, regelmäßig schon mit Abschluß des Kaufvertrages Eigentümer des Vertragsgegenstandes wird. Der Untergang der geschuldeten Sache ohne Verschulden des Schuldners spielt jedoch eine Rolle bei Miete, Leihe und Verwahrung, wo kein Übergang des Eigentums vorgesehen ist.

g) Verjährung (prescription extinctive)

Durch Verjährung erlischt ein Anspruch des Gläubigers, wenn er die Erfüllung der geschuldeten Leistung nicht innerhalb einer gesetzlich vorgesehenen Frist verlangt hat. Dieser Erlöschensgrund des Schuldverhältnisses ist freilich nicht von Amts wegen zu beachten, sondern nur, wenn der Schuldner ihn geltend macht. Die Verjährungsfrist beginnt mit der Fälligkeit der Forderung. Die allgemeine Verjährungsfrist beträgt 30 Jahre, doch sind im Gesetz für bestimmte Fälle kürzere Fristen vorgesehen. Die wichtigsten dieser Fristen sind die folgenden: 10 Jahre für Ansprüche von Kaufleuten untereinander aus Handelsgeschäften und für Ansprüche auf Schadensersatz wegen einer unerlaubten Handlung, die gleichzeitig ein Verbrechen im Sinne des Strafrechts ist (z. B. Mord); 5 Jahre für Ansprüche auf Nichtigerklärung und Rückgängigmachung von Verträgen und für Ansprüche auf Rückstände von wiederkehrenden Leistungen, die jährlich oder in kürzeren Fristen fällig werden (Mietzinsen, Schuldzinsen, Dividenden); 3 Jahre für Ansprüche auf Schadensersatz wegen einer Schädigung durch unerlaubte Handlung, die zugleich ein Vergehen im Sinne des Strafrechts darstellt (z. B. Diebstahl); 2 Jahre für sämtliche Ansprüche aus Versicherungsverträgen sowie für Ansprüche der Kaufleute gegen ihre Kunden, die ihrerseits keine Kaufleute sind; 1 Jahr für Ansprüche auf Schadensersatz wegen einer unerlaubten Handlung, die eine Übertretung im Sinne des Strafrechts darstellt. Merkwürdigerweise ist die allgemeine Verjährungsfrist von 30 Jahren maßgeblich bei Schadensersatzansprüchen wegen einer unerlaubten Handlung, die keinerlei Straftat darstellt. Der Ablauf der Verjährungsfrist kann gehemmt und unterbrochen werden (Art. 2242 C. c.).

h) Nachträgliche Nichtigerklärung des Vertrages

Schließlich erlischt das Schuldverhältnis durch gerichtliche Nichtigerklärung des Vertrages infolge einer Anfechtungsklage sowie durch Rücktritt. Die Vertragsauflösung ist besonders bei gegenseitigen Verträgen wichtig. Gemäß Art. 1184 C. c. ist in gegenseitigen Verträgen stets eine auflösende Bedingung als für den Fall stillschweigend vereinbart anzusehen, daß einer der beiden Teile seiner Verpflichtung nicht nachkommen sollte. Erbringt eine der Parteien ihre Leistung nicht, so hat die andere Partei die Wahl zwischen dem Versuch der gerichtlichen Vollstreckung (sofern die Leistung noch möglich ist) und gerichtlicher Auflösung des Vertrages. Ob den Schuldner ein Verschulden an der Nichterfüllung des Vertrages trifft, spielt beim gegenseitigen Vertrag prinzipiell keine Rolle: stets kann das Rechtsverhältnis aufgelöst werden. In Frankreich genügt aber nicht eine Rücktrittserklärung; die Auflösung des Vertrages muß durch das Gericht ausgesprochen werden. Der Richter ist nicht verpflichtet, die Auflösung in jedem Fall und gleich auszusprechen: er kann z. B. dem Beklagten je nach den Umstän-

den eine Erfüllungsfrist bewilligen. Liegt ein Verschulden des
Schuldners vor, so ist die Auflösung des Vertrages nicht die einzige Folge; ein Schuldner, der nicht leistet und die Nichterfüllung nach dem Verschuldensprinzip zu vertreten hat, wird zum
Schadensersatz verurteilt.

Die gerichtliche Auflösung des Vertrages hat rückwirkende
Kraft. Wird der Vertrag durch rechtskräftiges Urteil aufgelöst,
muß alles in den früheren Zustand zurückversetzt werden; die
schon erbrachten Leistungen sind zurückzugewähren.

Um die Auflösung zu beschleunigen, enthalten Verträge häufiger ausdrücklich eine auflösende Bedingung, die als von den
Parteien vereinbartes Recht von selbst ihre Wirkungen ent-
faltet, sobald die Voraussetzungen für die Vertragsauflösung
gegeben sind. So bestimmen z. B. viele Mietverträge, daß das
Mietverhältnis aufgelöst wird, wenn der zur Zahlung aufge-
forderte Mieter den Mietzins nicht innerhalb Monatsfrist zahlt.
In einem solchen Fall hat der Richter kein freies Ermessen
mehr: er kann die Auflösung des Vertrages nicht mehr durch
seinen Spruch gestaltend bewirken, sondern lediglich feststellen,
daß der Vertrag durch die vereinbarte auflösende Bedingung
schon aufgelöst ist.

6. Beweisrecht

Das Beweisrecht ist in den Art. 1315 ff. C. c. behandelt, die
fünf verschiedene Beweismittel vorsehen. Die Aufzählung in
Art. 1315 C. c. ist aber nicht erschöpfend. Neben den Beweisen
durch Urkunden, Zeugen, Vermutungen, Geständnis und Eid
kommen Beweise durch Augenschein, Sachverständige, Blut-
gruppengutachten, Fotografien und Tonbandaufnahmen in Betracht. Die Blutgruppenuntersuchung ist seit dem Gesetz vom
3. Januar 1972 in jedem Vaterschaftsprozeß anwendbar. Fotografien und Tonbandaufnahmen sind in keinem Gesetz erwähnt, können aber vom Gericht als Beweismittel zugelassen
werden. Wird ihre Richtigkeit aber von der Gegenpartei bestritten, so gelten sie nur als Anfang eines Beweises. Da diese
neuen Mittel der Wiedergabe von Bild und Ton leicht ver-
fälscht werden können, steht die Judikatur ihnen zurückhaltend
gegenüber.

Geht es um den Beweis eines zivilrechtlichen Vertrages (acte juridique), so ist grundsätzlich nur der Beweis durch eine Urkunde oder ein Schriftstück zugelassen.

Dagegen sind sämtliche Beweismittel gestattet, um eine Tatsache (fait matériel), z. B. den Hergang eines Unfalls, zu beweisen. Im Strafrecht und Handelsrecht sind die Beweismittel völlig frei.

Jede Partei (und vor allem wer ein Recht geltend macht) hat nicht nur das Recht, sondern auch die Pflicht, den Beweis für ihre Behauptungen anzutreten, wenn es sich um für die Entscheidung wesentliche Punkte handelt, die vom Gegner bestritten sind.

a) Urkundenbeweis

Seit der königlichen Verordnung von Moulins (1566) sind Urkunden im französischen Zivilrecht die ersten und besten Beweismittel. Nach Art. 1341 C. c. muß eine öffentliche oder privatschriftliche Urkunde über alle Vereinbarungen, die den Wert von 50 fcs übersteigen, zum Beweis der Vereinbarung vorgelegt werden. Zur Errichtung öffentlicher Urkunden sind die Notare zuständig. Im Rahmen ihrer begrenzten Amtsbefugnisse können auch Standesbeamte sowie Gerichtsschreiber und Gerichtsvollzieher öffentliche Urkunden errichten. Nach Art. 1319 C. c. liefert jede öffentliche Urkunde vollen Beweis über alles, was der befugte Aussteller der Urkunde schriftlich bestätigt. Sie wirkt vom Zeitpunkt ihrer Ausstellung an auch Dritten gegenüber und kann lediglich in einem gefährlichen und umständlichen strafrechtlichen Verfahren als Fälschung angefochten werden.

Die Privaturkunde ist ein Schriftstück, in der eine Privatperson durch ihre Unterschrift eine bestimmte Verpflichtung übernimmt. Dabei ist die handschriftliche Unterschrift des Ausstellers unentbehrlich; deshalb heißt die Privaturkunde „acte sous seing (= signature) privé". Leider ist die Form der Unterschrift gesetzlich nicht geregelt. Es ist nicht nötig, daß sie leserlich ist. Ein handelsrechtliches Gesetz vom 16. Juni 1966 hat Sonderfälle, in denen die Unterschrift durch einen Stempel ersetzt werden kann, einzeln aufgezählt. Ist die Privaturkunde

von demjenigen, dem man sie entgegenhält, anerkannt, so hat
sie dieselbe Beweiskraft wie eine öffentliche Urkunde (Art.
1322 C. c.). Auch Privaturkunden unterliegen besonderen Form-
vorschriften. Sollen gegenseitige Verträge privatschriftlich beurkundet werden, so müssen von ihnen so viele Originalur-
kunden aufgesetzt werden, wie Parteien vorhanden sind (Art.
1325 C. c.). Zur Vermeidung von Fälschungen und des Miß-
brauchs von Blanketten müssen Privaturkunden, die eine einseitige Verpflichtung verbriefen, wenn sie nicht gänzlich von
der Hand des Schuldners geschrieben sind, außer seiner Unterschrift mindestens den handschriftlichen Zusatz „genehmigt"
(approuvé) oder „gut für so viel Fcs" (bon pour fcs . .) enthalten (Art. 1326 C. c.). Derjenige, demgegenüber man sich
auf eine Privaturkunde beruft, kann seine Handschrift oder
Unterschrift abstreiten. Damit wird vorläufig verhindert, daß
aus der Urkunde Rechte abgeleitet werden; das Gericht ordnet
ein Sachverständigengutachten über die Echtheit der Handschrift an (Art. 1325 C. c.). Privaturkunden können Dritten
gegenüber Wirkungen erst von dem Datum an entfalten, zu
dem sie bei dem „Service de l'Enregistrement" eingetragen
worden sind (Art. 1328 C. c.). Briefe unterliegen gleichen Regeln wie Privaturkunden. Grundsätzlich darf ein streng persönlicher Briefwechsel nur mit der Zustimmung des Absenders
und des Adressaten vor Gericht verwendet werden.

b) Zeugenbeweis

Zeugenbeweis ist bei Streitigkeiten aus Verträgen nur zulässig,
wenn deren Wert 50 fcs nicht übersteigt. Diese 50 fcs-Grenze
ist heute viel zu niedrig; immerhin kennt die Regel etliche
Ausnahmen. Zeugenvernehmung ist immer möglich, wenn es
sich um eine unerlaubte Handlung handelt, oder wenn es unmöglich war, eine Urkunde auszustellen, oder wenn die ausge-
stellte Urkunde verlorengegangen ist. Eine weitere wichtige
Ausnahme betrifft den Fall, daß ein sogenannter „Anfang eines schriftlichen Beweises" vorhanden ist. Unter diesem Ausdruck versteht man irgendein Schriftstück (z. B. einen Brief),
das die behauptete Tatsache wahrscheinlich macht (Art. 1347
C. c.).

c) Vermutungen

Ist der Zeugenbeweis zulässig, so kann man sich auch mit Vermutungen helfen. Das französische Recht kennt gesetzliche Vermutungen, deren Anwendungsbereich und Wirkung ausdrücklich geregelt sind. Die bekannteste Vermutung ist die Vaterschaftsvermutung, nach der der Ehemann als Vater des Kindes gilt. Nach dem Gesetz vom 3. Januar 1972 kann diese Vermutung heute mit jedem Beweismittel widerlegt werden. Die freiwillige Rückgabe des Originals einer Privaturkunde durch den Gläubiger gilt als unwiderlegbare Vermutung für die Befreiung von der Schuld (Art. 1282 C. c). Vermutungen, die nicht durch das Gesetz aufgestellt sind, können vom Richter nur dann angenommen werden, wenn sie gewichtig, bestimmt und übereinstimmend sind (Art. 1353 C. c.).

d) Geständnis

Das Geständnis ist als Beweismittel überall da ausgeschlossen, wo über ein Recht nicht verfügt oder auf ein Recht nicht verzichtet werden kann (z. B. im Ehescheidungsprozeß).

B. Besonderer Teil
Die einzelnen Schuldverträge

In den Art. 1387 ff. normiert der C. c. verschiedene Schuldverhältnisse: zunächst den Ehevertrag (der heute systematisch in den Zusammenhang der Wirkungen der Eheschließung eingereiht wird), den Kauf, Tausch, Miete und Pacht, Dienst-, Werk- und Transportvertrag, Gesellschaft, Leihe und Darlehen, Verwahrung, Spiel und Wette, Leibrente, Auftrag, Bürgschaft, Vergleich und Pfandrecht. Aber neben diesen typischen, vom Gesetz speziell geregelten Verträgen dürfen die Parteien infolge der Vertragsfreiheit auch atypische Vereinbarungen treffen. Diese „Innominatverträge" sind gültig, solange sie nicht gesetz- oder sittenwidrig sind. Nach der Rechtsprechung ist der Vertrag über eine Kreuzfahrt (contrat de croisière) kein typischer Transportvertrag, sondern ein im Gesetz nicht näher geregelter Vertrag.

1. Der Kauf

Unter den typischen Verträgen ist der Kauf der wichtigste. Im Gegensatz zum deutschen Sprachgebrauch wird der Vertrag in der französischen Juristensprache als Verkauf (vente) bezeichnet. Er besteht aus einer Vereinbarung, durch welche die eine Partei (Verkäufer) sich verpflichtet, das Eigentum an der Kaufsache auf die andere Vertragspartei (Käufer) gegen Entgelt zu übertragen. Nach Art. 1583 C. c. ist der Kauf unter den Parteien zustandegekommen und das Eigentum an der Kaufsache auf den Käufer von Rechts wegen übergegangen, sobald die Parteien sich über den Kaufgegenstand und seinen Preis einig geworden sind. Es ist nicht entscheidend, ob die Sache bereits geliefert oder der Preis bereits gezahlt ist. Schon der bloße Abschluß des Vertrages bewirkt den automatischen Übergang des Eigentums vom Verkäufer auf den Käufer. Diese eigentümliche Regelung des französischen Rechts erfährt mehrere Ausnahmen.

(1) Theoretisch ist der Eigentumsübergang unmöglich, wenn der Verkäufer nicht Eigentümer war. In diesem Fall wird die Rechtsstellung des Käufers nur durch die Übergabe der Sache an ihn gesichert, da nach Art. 2279 C. c. bei beweglichen Sachen schon der Besitz als Rechtstitel gilt.

(2) Die Regel des Art. 1583 C. c. kann bei Gattungssachen keine Anwendung finden. Der automatische Übergang des Eigentums erfolgt nur beim Kauf von individuell bestimmten Sachen. Bei Gattungssachen ist zum Eigentumsübergang die Übergabe oder mindestens die Aussonderung (individualisation) der Sache unerläßlich.

(3) Ferner dürfen die Parteien durch eine besondere Vereinbarung den Zeitpunkt des Eigentumsübergangs verzögern. Wenn eine schriftliche Urkunde über den Kauf errichtet werden muß, wird der endgültige Abschluß des Vertrages und damit auch der Eigentumsübergang konkludent erst am Tage der Unterzeichnung bewirkt, auch wenn die Parteien sich vorher schon mündlich geeinigt hatten. Der Eigentumsübergang wird bei Abzahlungsgeschäften häufig ausdrücklich hinausgeschoben; aber eine entsprechende Klausel ist Dritten gegenüber unwirk-

sam: wenn die bewegliche Sache schon an den Käufer ausge-
liefert ist, dürfen dessen Gläubiger sie infolge des Art. 2279
C. c. bereits pfänden. Deswegen wird das Abzahlungsgeschäft
gewöhnlich nicht als Kauf, sondern als Mietvertrag bezeichnet.
Theoretisch wird die Sache dem Käufer bis zur Zahlung des
Preises nur vermietet. Der französische Gesetzgeber hat die
Unzuträglichkeiten des Abzahlungskaufes nur bei Kraftfahr-
zeugen beseitigen können, weil hier eine Registrierung des Ei-
gentumsvorbehalts vorgeschrieben ist; bei Wahrung dieses Pu-
blizitätserfordernisses bleibt der Eigentumsvorbehalt auch Dritten gegenüber wirksam.

Die Bestimmung des Zeitpunkts des Eigentumsübergangs ist besonders wichtig im Fall des zufälligen Untergangs der Kaufsache. Mit dem Eigentumsübergang geht die Gefahr auf den
Käufer über. Dritten gegenüber ergibt sich die Eigentumsüber-
tragung aus der Übergabe der beweglichen Sachen und aus der
Umschreibung bei unbeweglichen. Es gibt in Frankreich zwar
kein Grundbuch; aber der Eigentumswechsel am Grundstück
muß unter Angabe des Namens des Käufers in dem Immobiliarverzeichnis der „Conservation des Hypothèques" veröffentlicht werden.

Der Verkäufer muß die Sache liefern und haftet für Rechts-
mängel und verborgene Sachmängel. Wenn ein Sachmangel die
Sache zum Gebrauch untauglich macht oder ihre Tauglichkeit
mindert, hat der Käufer die Wahl, entweder die Sache zurückzugeben und sich den Kaufpreis erstatten zu lassen, oder die
Sache zu behalten und sich den von Sachverständigen geschätz-
ten Minderwert der Sache zurückzahlen zu lassen (Art. 1644
C. c.). Kannte der Verkäufer den Mangel der Sache, so muß
er auch Schadensersatz bezahlen. Die Hauptverpflichtung des
Käufers besteht in der Zahlung des Kaufpreises an dem im
Vertrage bestimmten Tag und Ort (Art. 1650 C. c.). Wenn in
dieser Hinsicht nichts bestimmt ist, so ist am Ort und zur Zeit
der Lieferung der Sache zu zahlen (Art. 1651 C. c.). Der Preis
wird durch Vereinbarung der Parteien oder durch das Ermessen eines Dritten bestimmt; er muß in Geld bestehen, braucht
aber nicht dem objektiven Wert der Sache zu entsprechen. Die-

ses Prinzip erleidet jedoch eine wichtige Ausnahme, wenn es
sich um den Verkauf einer unbeweglichen Sache handelt: Ist
der Verkäufer um mehr als 7/12 des Wertes einer Liegenschaft
benachteiligt worden, so hat er das Recht, die Wiederaufhebung
des Kaufvertrages zu fordern (rescision pour lésion). Ein
gleiches Recht steht aber dem Käufer nicht zu, der ein Grundstück zu teuer gekauft hat. Die Anfechtung des Vertrages wegen Übervorteilung des Verkäufers ist bei Risikoverträgen
(z. B. Leibrente) sowie im Falle einer öffentlichen gerichtlichen
Versteigerung ausgeschlossen. Die Verpflichtung des Käufers,
den Preis zu zahlen, ist durch vier Rechtsbehelfe gesichert: infolge eines Zurückbehaltungsrechtes braucht der Verkäufer die
unbezahlte Kaufsache nicht zu liefern, wenn er dem Käufer
keinen Kredit gewährt hat. Der Verkäufer kann ferner auf
Auflösung des Vertrages klagen, wenn der Käufer den Kaufpreis nicht bezahlt. Wenn der Käufer zahlungsunfähig wird,
hat der Verkäufer ein Recht auf vorzugsweise Befriedigung
aus dem Versteigerungserlös der unbezahlten Sache. Da der
Käufer bereits vor der Übergabe der Sache Eigentümer geworden ist, kann der Verkäufer nur in einigen Sonderfällen die
Klage auf Rückübereignung erheben.

Mit wenigen Ausnahmen ist der *Tausch* den Regeln des Kaufes
unterstellt. Beim Tausch gibt es keine Geldleistung; die beiden
Parteien werden wie Verkäufer behandelt. Eine Wiederaufhebung des Vertrages wegen Übervorteilung einer Partei kommt
nicht in Betracht, selbst wenn eine der vertauschten Sachen ein
Grundstück ist (Art. 1706 C. c.).

2. Das allgemeine Mietrecht

Nach Art. 1708 C. c. gibt es zwei Arten von Mietverträgen:
die Sachmiete und die Dienstmiete. Die Sachmiete ist ein Vertrag, durch den die eine Partei sich verpflichtet, der anderen
den Gebrauch, die Nutzung und allenfalls auch die Ziehung
der Früchte einer beweglichen oder unbeweglichen Sache während einer bestimmten Zeit gegen einen bestimmten Preis zu
überlassen (Art. 1709 C. c.). Das französische Recht kennt keinen wesentlichen Unterschied zwischen Miete und Pacht. Nicht
nur bei der Vermietung landwirtschaftlicher Grundstücke, son-

dern bei jedem Mietvertrag kann die Fruchtziehung dem Mieter überlassen werden. Für den Fall der Vermietung einer unbeweglichen Sache bestimmt Art. 1717 C. c., daß der Mieter das Recht zur Untervermietung hat, falls ihm diese Befugnis nicht durch eine besondere Klausel untersagt ist.

Grundsätzlich ist der Mietvertrag wie der Kauf ein gegenseitiger Konsensualvertrag. Wenn der Wert der Miete aber den Betrag von 50 fcs überschreitet, muß ein schriftliches Beweismittel geschaffen werden. Bei der Miete von Grundstücken kann auch bei niedrigerem Mietpreis der Beweis nicht durch Zeugen geführt werden, solange der Vertrag noch nicht in Vollzug gesetzt ist (Art. 1715 C. c.). Obwohl die Miete von beweglichen Sachen in der jüngeren Rechtsprechung eine größere Rolle spielt, handelt es sich bei gerichtlichen Entscheidungen doch meist um die Miete von Grundstücken. Die Hauptverpflichtungen des Vermieters sind in Art. 1719 C. c. aufgezählt. Der Vermieter muß in erster Linie dem Mieter die vermietete Sache in einem guten Zustand überlassen. Die Überlassung eines Raumes kann naturgemäß durch bloße Übergabe des Schlüssels erfolgen.

Während der Mietzeit hat der Vermieter die Instandhaltungspflicht: er muß alle notwendigen Großreparaturen (z. B. am Dach) auf eigene Kosten ausführen lassen, während laufende kleinere Ausbesserungen und geringere Unterhaltungskosten dem Mieter obliegen. Der Vermieter muß ferner so wie ein Verkäufer für Rechts- und Sachmängel einstehen. Die Art. 1725 ff. C. c. unterscheiden zwischen rechtlichen und tatsächlichen Hindernissen der Durchführung des Mietvertrages. Für tatsächliche Störungen des Mieters durch Dritte haftet der Vermieter nicht.

Vereinbarungen, welche von den gesetzlichen Regeln abweichen, sind zulässig. Wenn der Vermieter seine Verpflichtungen nicht erfüllt, kann der Mieter das Mietverhältnis fristlos kündigen oder Schadensersatz verlangen. Er darf aber nicht mit Hilfe der Einrede des nichterfüllten Vertrages die Zahlung des vereinbarten Mietzinses verweigern, solange kein Urteil darüber ergangen ist. Dem Mieter obliegen zwei Hauptverpflichtungen: er muß die gemietete Sache nach ihrer Bestimmung gebrauchen und den Mietzins zu den vereinbarten Zeiten zahlen (Art. 1728 C. c.). Die regelmäßige Zahlung des Mietzinses ist, besonders wenn es sich um Grundstücksmiete handelt, durch verschiedene Regeln gesichert. Der Mieter muß zur Sicherung des Vermieters entweder genügend Möbel in die gemieteten Räume einbringen oder für die Zahlung des Mietzinses in anderer Weise Sicherheit leisten (z. B. durch eine Bürgschaft). Zahlt der Mieter den Zins nicht, so kann der Vermieter auf Auflösung des Vertrages klagen. Um die Zahlung des Mietzinses, der Zuschläge für Nebenleistungen und des evtl. Schadensersatzes zu sichern, steht dem Vermieter ein gesetzliches Recht auf vorzugsweise Befriedigung zu (privilège du bailleur). Infolge dieses Vorrechts kann der Vermieter die in die gemieteten Räume eingebrachten Möbel mit Beschlag belegen und sie zu seiner Befriedigung vorzugsweise versteigern lassen.

Das Vorzugsrecht des Vermieters hat Vorrang vor den Rechten des noch nicht bezahlten Verkäufers der Möbel; sämtliche von dem Mieter eingebrachten Sachen gelten als sein Eigentum. Diese Vermutung kann nur mit unbestrittenen Urkunden widerlegt werden.

Der Mieter haftet für jede Verschlechterung oder für den Verlust der gemieteten Sache, sofern er nicht beweist, daß Verschlechterung oder Verlust ohne sein Verschulden eingetreten sind (Art. 1732 C. c.). Er haftet auch für Brandschäden, es sei denn, er beweist, daß der Brand durch Zufall, höhere Gewalt oder bauliche Fehler des vermieteten Grundstücks entstanden ist, oder daß das Feuer von einem Nachbargebäude auf die vermieteten Räume übergegriffen hat.

Wird das gemietete Grundstück verkauft, so bricht der Kauf grundsätzlich die Miete, es sei denn, daß der Mieter einen Mietvertrag mit gesichertem Datum oder einen öffentlich beurkundeten Mietvertrag in Händen hat (Art. 1743 C. c.). Der Grundsatz, daß Kauf die Miete bricht, ist jedoch durch das Mietnotrecht beseitigt worden.

Sondergesetzgebung über Mietrecht (législation exceptionelle sur les loyers)

Anläßlich des nach dem zweiten Weltkrieg aufgetretenen Wohnungsmangels hat das Gesetz vom 1. September 1948 eine weitgehende Sonderregelung für solche Wohnhäuser gebracht, die vor 1949 gebaut worden sind. Der Mietzins für solche Gebäude wurde gesetzlich festgesetzt und das Kündigungsrecht des Vermieters erheblich beschränkt. Das Sonderrecht dieses Gesetzes von 1948 wird jetzt allmählich beseitigt. Unter dem Namen „Statut des baux ruraux" gilt eine Sonderregelung für die landwirtschaftliche Pacht. Der Bauer hat ein höchstpersönliches Dauerrecht am Boden, den er gemietet hat. Wenn der Eigentümer sein landwirtschaftliches Gut verkaufen will, hat der Pächter ein Vorkaufsrecht. Die einschlägigen Regelungen finden sich in einer Verordnung vom 16. April 1955, in welcher sämtliche Sondergesetze über die Landwirtschaft zu einem einheitlichen Gesetzeswerk (Code rural) zusammengefaßt worden sind.

Um die Preissteigerung bei Grundstücken zu verhindern, haben Sondergesetze die „Baumiete" (bail à construction, 1964) und die „Grundstückskonzession" (concession immobilière, 1967) eingeführt. Die hiernach möglichen langfristigen Mietverhältnisse begründen ein halbdingliches Recht zugunsten des Mieters. Die wichtigste Sonderregelung über den Mietvertrag betrifft die Geschäftsraummiete und die Unternehmenspacht. Eine umfangreiche und komplizierte Gesetzgebung hat seit 1926 eine gewisse Verdinglichung der Rechtsstellung des Mieters eines Ladenlokals gebracht. Das besondere Dauerrecht eines derartigen Mieters heißt „propriété commerciale", also kaufmännisches Eigentum. Die Bezeichnung „propriété commerciale" für ein Mietrecht ist juristisch durchaus ungenau; aber darin kommt treffend zum Ausdruck, wie sehr die Stellung des Mieters gegenüber dem Vermieter gestärkt worden ist. Der Eigentümer des Grundstücks wird manchmal als bloßer „Mauereigentümer" angesehen. Voraussetzung für ein solches kaufmännisches Eigentum ist, daß der schriftliche Mietvertrag für eine Dauer von mindestens 9 Jahren geschlossen worden ist. Ist das Mietverhältnis abgelaufen, so hat der Kaufmann Anspruch auf Erneuerung des Vertrages. Wenn der Vermieter ihm die Erneuerung des Vertrages verweigert, so muß der Vermieter eine Entschädigung für den Verlust des Geschäftslokals an den Mieter zahlen. Bei einem solchen Dauermietvertrag kann der Mietpreis jedes dritte Jahr revidiert werden.

Das Mietverhältnis endet durch Zeitablauf, Kündigung oder infolge Nichterfüllung der Vertragspflichten oder Untergang der Mietsache. Ist der Mietvertrag nicht schriftlich abgefaßt worden, so kann jeder Vertragspartner dem anderen unter Einhaltung der ortsüblichen Fristen kündigen (Art. 1736 C. c.). Wenn der Mieter nach Ablauf des Mietverhältnisses ohne Widerspruch des Vermieters im Besitz der gemieteten Sache bleibt, so wird damit der Vertrag stillschweigend erneuert (tacite reconduction). Bei Nichterfüllung seitens eines Vertragspartners kann der andere auf gerichtliche Auflösung klagen. Es kommt öfters vor, daß der Mietvertrag eine ausdrückliche Klausel enthält, nach welcher der Vertrag ipso iure aufgelöst wird, wenn der Mieter den Mietzins nicht regelmäßig zahlt. Die Miete endet schließlich, wenn eine derartige Verschlechterung oder Beschädigung der Mietsache eingetreten ist, daß ihr normaler Gebrauch ausgeschlossen ist; ein völliger Untergang der Mietsache ist zur Auflösung des Mietverhältnisses nicht erforderlich. Tod oder Konkurs eines Vertragspartners sind keine Mietauflösungsgründe (Art. 1742 C. c.). Nach Beendigung des Mietverhältnisses muß der Mieter die vermietete Sache dem Vermieter in dem gleichen Zustand zurückgeben, in welchem er sie erhalten hatte.

Leasing oder Crédit-bail

Dieser Vertrag, der seinen Ursprung im amerikanischen Recht hat, wurde erstmals durch ein Gesetz vom 2. Juli 1966 geregelt. Leasing ist eine Sonderart des „Mietkaufes"; hierbei werden Maschinen oder Büromöbel an einen Kreditnehmer mit der Vereinbarung vermietet, daß der Mieter am Ende des Vertrages das Eigentum erwerben kann, wenn er den Amortisationswert der Sache bezahlen will. Ein solcher Vertrag kann für die Erneuerung der betrieblichen Einrichtungen sehr vorteilhaft sein; leider haben die Leasing-Kreditanstalten dem Kreditnehmer so schwere Verpflichtungen für den Fall der Nichtzahlung des Mietzinses auferlegt, daß diese Vertragsart zu vielen Prozessen Anlaß gegeben hat.

3. Tätigkeitsverträge

Nach Art. 1779 C. c. gibt es drei Hauptarten von Tätigkeitsverträgen: Dienstverträge, Werksverträge, Bauverträge mit Architekten und Unternehmern. Der Dienstvertrag ist eine gegenseitige Vereinbarung, nach welcher der Arbeitnehmer sich verpflichtet, während einer bestimmten Zeit für einen Arbeitgeber bestimmte Dienste gegen Vergütung zu leisten. Man kann seine Dienste nur für bestimmte Zeit oder für ein bestimmtes Unternehmen verdingen (Art. 1780 C. c.); der Dienstvertrag auf Lebenszeit ist ein gesetzwidriger Verzicht auf die persönliche Freiheit. Ein ohne Bestimmung seiner Dauer eingegangener Dienstvertrag kann theoretisch jederzeit durch Kündigung einer der vertragschließenden Parteien beendigt werden. Zum Schutz des Arbeitnehmers ist die Kündigung in verschiedenen Fällen ausgeschlossen (z. B. bei Militärdienst oder Schwangerschaft). Ein Sondergesetz hat Kündigungsfristen für das Arbeitsverhältnis auf mindestens einen Monat festgesetzt. Die Kündigung des Dienstvertrages durch eine Partei, vor allem durch den Arbeitgeber, kann Schadensersatzansprüche begründen, besonders wenn das Kündigungsrecht mißbräuchlich ausgeübt wurde. Die spärlichen Bestimmungen des C. c. darüber sind allerdings überholt; eine detaillierte Regelung des Arbeitsrechts befindet sich in zahlreichen Sondergesetzen und Verordnungen, die jetzt unter dem Namen „Code du Travail" zusammengefaßt sind.

Die Art. 1782 ff. C. c. enthalten besondere Bestimmungen über Fuhrleute oder Schiffer. Diese Frachtführer haften für den Verlust und die Beschädigung der ihnen anvertrauten Sachen, sofern sie nicht beweisen, daß die Sachen durch Zufall oder höhere Gewalt verlorengegangen oder beschädigt worden sind. Der *Werkvertrag* ist ein gegenseitiger Konsensualvertrag, durch welchen der Unternehmer sich verpflichtet, für den Besteller ein bestimmtes Werk (beliebiger Natur) gegen Bezahlung des Werk-

lohnes herzustellen. Leistet der Unternehmer nicht nur seine
Arbeit, sondern liefert er auch den Stoff zur Herstellung des
Werkes, so trifft ihn auch der evtl. Verlust der Sache, wenn
nicht etwa der Besteller im Annahmeverzug war (Art. 1788
C. c.). Liefert dagegen der Besteller den Stoff, so haftet der
Unternehmer nur für sein Verschulden.

Beim Bauvertrag zu einem Pauschalpreis haften Architekt und
Unternehmer 10 Jahre lang, wenn das Gebäude ganz oder
teilweise infolge fehlerhafter Errichtung oder schlechter Beschaffenheit des Baugrundes untergeht (Art. 1792 C. c.).

4. Die Gesellschaft des Bürgerlichen Rechts

Die Gesellschaft ist ein Vertrag, durch den zwei oder mehrere
Personen sich verpflichten, gewisse Einlagen zu leisten, um
den mit Hilfe dieser Einlagen erzielten Gewinn zu teilen
(Art. 1832 C. c.). Zum Wesen dieses Vertrages gehört also:
1. Die Einigung der Parteien; die Gesellschaft ist ein
synallagmatischer, kommutativer und entgeltlicher Konsensualvertrag. 2. Es genügt aber nicht die Einigung zur Zeit der
Gründung der Gesellschaft. Vielmehr fordert die Rechtslehre
den ständigen Willen der Partner zur wirtschaftlichen Zusam-
menarbeit und zur Verwirklichung des Gesellschaftszwecks
(„affectio societatis"). Fehlt dieser Wille, so kann die Gesellschaft aufgelöst werden. 3. Jeder Gesellschafter muß die versprochene Einlage leisten. Diese Einlage kann aus Geld, Sachen,
Dienstleistungen oder sonstigen Werten bestehen. Sämtliche
Einlagen bilden das gemeinschaftliche Vermögen, dessen Eigentümer die Gesellschaft ist, da nach französischem Recht auch
jede Personengesellschaft eine juristische Person bildet. 4. Der
Zweck der Gesellschaft — der natürlich nicht gesetz- oder sittenwidrig sein darf — ist vor allem die Erzielung eines wirtschaftlichen Gewinnes. Die französische Lehre unterscheidet
scharf zwischen Gesellschaft und Verein. Letzterer ist im Code
civil nicht geregelt und unterliegt hauptsächlich öffentlichem
Recht: es handelt sich um eine Personenvereinigung, welche die
Förderung von Religion, Politik, Kunst oder ähnlichen Dingen
bezweckt. 5. Gewinn und Verlust der Gesellschaft müssen geteilt werden. Deshalb ist jeder Vertrag nichtig, der einem der

Gesellschafter den ganzen Gewinn zuspricht. 6. Im Gegensatz zum Miteigentum (z. B. zwischen Miterben) ist der Gesellschaftsvertrag seiner Natur nach ein Organisationsverhältnis, das eine juristische Person schafft und die Möglichkeit einer beliebigen jederzeitigen Teilung ausschließt.

Die allgemeinen Regeln für sämtliche Gesellschaftsarten befinden sich im C. c. Doch sind die Handelsgesellschaften außerdem noch den besonderen Bestimmungen des Gesellschaftsrechtsgesetzes vom 24. Juli 1966 unterworfen. Nicht nur die Aktiengesellschaft und GmbH, sondern auch die offene Handelsgesellschaft und die Kommanditgesellschaft sind Handelsgesellschaften. Die Unterscheidung von bürgerlich-rechtlichen Gesellschaften und Handelsgesellschaften ist von großer Bedeutung, obwohl heute alle Gesellschaften konkursfähig sind. Bürgerlich-rechtliche Gesellschaften sind keiner besonderen Publizitätspflicht unterworfen; für sie sind die Zivilgerichte zuständig. Bau- und Vermietungsunternehmen, landwirtschaftliche Betriebe sowie private Unterrichtsanstalten werden unter der Form einer bürgerlich-rechtlichen Gesellschaft betrieben, wenn nicht ausdrücklich eine Gesellschaftsform des Handelsrechts gewählt wird; denn der Zweck solcher Unternehmungen ist keine dem Handelsrecht unterworfene Tätigkeit. Die Personengesellschaften des Bürgerlichen Rechts werden durch Tod eines Partners aufgelöst, es sei denn, daß der Vertrag die Fortsetzung der Gesellschaft mit den Erben oder unter den überlebenden Mitgliedern allein ausdrücklich vorgesehen hat (Art. 1868 C. c.). Andere Auflösungsgründe der Gesellschaft sind erstens der Ablauf der Zeit, für welche sie eingegangen ist, 2. die Beendigung des Geschäfts, für welches die Gesellschaft gegründet wurde, 3. der Verlust des gesamten Gesellschaftsvermögens, 4. die Aufkündigung durch einen oder mehrere Gesellschafter, die allen anderen mitteilen, daß sie nicht mehr Mitglieder der Gesellschaft bleiben wollen. Als höchstpersönliches Rechtsverhältnis kann die Gesellschaft nicht fortbestehen, wenn die Gesellschafter mit dem Fortbestand der Gesellschaft nicht mehr einverstanden sind. Die Auflösung der Gesellschaft durch Kündigung findet nur bei Gesellschaften statt, die auf unbestimmte Zeit eingegangen sind. Wird der Gesellschaftsvertrag von einem

Mitglied gegen Treu und Glauben gekündigt, so kann der ausscheidende Gesellschafter für einen etwa entstehenden Schaden haftbar gemacht werden. 5. Die auf bestimmte Zeit eingegangene Gesellschaft kann gerichtlich aufgelöst werden, wenn wichtige Gründe dazu vorliegen (Art. 1871 C. c.). Hier kommen z. B. Streitigkeiten zwischen den Gesellschaftern in Betracht, die den normalen Gang der Gesellschaftsgeschäfte gefährden, oder etwa Geistesstörung eines Gesellschafters. 6. Schließlich sind Entmündigung (mise en tutelle) und Zahlungsunfähigkeit eines Gesellschafters weitere Auflösungsgründe. Die aufgelöste Gesellschaft muß liquidiert werden. Die Bestimmungen des Gesetzes vom 24. Juli 1966 sind insoweit auch für bürgerlichrechtliche Gesellschaften anwendbar: es wird ein Liquidator ernannt. Nach Veräußerung des Gesellschaftsvermögens und Zahlung der Schulden werden etwaige Überschüsse an die Gesellschafter ausgeschüttet. Trotz Auflösung wird die Gesellschaft weiterhin als juristische Person angesehen, solange ihre Liquidation nicht endgültig abgeschlossen ist (Art. 391 des G. vom 24. 7. 1966).

5. Leihe und Darlehen

Das französische Wort „prêt" kann entweder die Leihe oder das Darlehen bedeuten. Die Gebrauchsleihe oder Kommodat (prêt à usage) betrifft Sachen, die man benutzen kann, ohne sie zu zerstören. Die Verbrauchsleihe oder das Darlehen (prêt de consommation) betrifft solche Sachen, die durch den Gebrauch, den man von ihnen macht, verbraucht werden. Die Unterscheidung beider Verträge ergibt sich aus der Natur der Sache: wenn die Sache nicht verbrauchbar ist, handelt es sich regelmäßig um eine Leihe. Beide Arten der Leihe sind grundsätzlich einseitige Realverträge. Die bloße Einwilligung der Parteien genügt nicht zum Abschluß des Vertrages; es ist außerdem die Hingabe der Sache erforderlich. Im übrigen sind beide Verträge unterschiedlichen Regeln unterworfen.

(1) Die *Gebrauchsleihe* ist ihrem Wesen nach unentgeltlich. Der Verleiher bleibt Eigentümer der verliehenen Sache. Ist ein Entgelt vereinbart, so liegt nicht Leihe, sondern Miete vor, selbst wenn das Rechtsgeschäft als Leihe bezeichnet wird. Dies

ergibt sich aus mehreren neuen Entscheidungen über Fälle, in denen die Parteien durch Vereinbarung einer angeblichen Leihe die Anwendbarkeit des Mietnotrechts ausschalten wollten. Der Entleiher hat jedes Verschulden einschließlich leichter Fahrlässigkeit zu vertreten. Gebraucht er die Sache zu einem anderen als dem vereinbarten Zweck oder für längere Zeit als vereinbart oder als er für den Gebrauch der geliehenen Sachen nötig hat, so haftet er auch für den zufälligen Untergang (Art. 1881 C. c.). In keinem Fall kann der Entleiher die Sache als Ausgleich für etwas zurückbehalten, was der Verleiher ihm schuldet (Art. 1885 C. c.).

(2) Das *Darlehen* ist ein Realvertrag, durch den ein Vertragspartner dem anderen das Eigentum an einer gewissen Menge vertretbarer oder verbrauchbarer Sachen überträgt, während der Empfänger sich verpflichtet, nach einer bestimmten Zeit ebensoviel Sachen von derselben Gattung und Beschaffenheit zurückzugeben (Art. 1892 C. c.). Es handelt sich meist um Gelddarlehen. Sind Zinsen nicht ausdrücklich bedungen, so ist das Darlehen unentgeltlich.

Über die Rückzahlung eines Gelddarlehens befindet sich in Art. 1895 eine Sonderregelung: „Die Verpflichtung, die aus einem Gelddarlehen entsteht, geht immer nur auf den im Vertrage angegebenen ziffernmäßigen (= nominalen) Betrag. Sind die Geldsorten vor dem Zeitpunkt der Zahlung im Wert gestiegen oder gefallen, so hat der Schuldner den geliehenen Betrag ziffernmäßig zurückzugeben, und zwar in den Geldsorten, die zur Zeit der Zahlung im Umlauf sind.“ Grundsätzlich ist also die Nominalschuld einer bestimmten Geldsumme alleine maßgebend. Im Falle von Geldwertschwankungen gibt es weder eine Aufwertung noch eine Herabsetzung des Nominalbetrages. Der Gläubiger hat die Gefahr der Geldentwertung zu tragen. Nach seiner systematischen Stellung in der Gliederung des Code civil sowie nach seinem ausdrücklichen Wortlaut betrifft dieser Gesetzestext nur die Zurückzahlung des Gelddarlehens. Die französischen Gerichte haben aber den Art. 1895 C. c. immer weit ausgelegt. Sie sehen in dieser Lösung des Gesetzes zugunsten des Nominalismus einen allgemeinen Grundsatz, der bei jeder Geldschuld Anwendung finden muß. Die Frage, ob diese Vorschrift zwingendes Recht ist, oder ob sie zur sogenannten „öffentlichen Ordnung" gehört, ist öfters erörtert worden und umstritten gewesen. 1957 hat der Kassationshof die Frage endgültig gelöst: Art. 1895 C. c. ist „abdingbar"; seine Anwendung darf von den Parteien ausgeschlossen werden. Die Vertragschließenden können in ihren Vereinbarungen vorsehen, daß die Anwendung des Nominalismus ausgeschlossen werden soll, unter der Voraussetzung aber, daß die gewählte Klausel nicht durch andere gesetzliche Bestimmungen verboten ist. Verordnungen von 1958 und 1959 haben das Recht der Wertsicherungsklauseln geregelt. Solche Klauseln sind zulässig und gültig, wenn sie zum Gegenstand des Vertrages in direkter Beziehung stehen oder wenn sie mit der gewerblichen Tätigkeit einer der beiden vertragschließenden Parteien verknüpft sind. Schließlich hat ein Gesetz vom 9. Juli 1970 die Gültigkeit von Wertgleitklauseln in Abhängigkeit von den Baukosten (indexation sur le prix de la construction) bei Kauf oder Miete eines Gebäudes vorgesehen. Jedenfalls betrifft der Nominalismus nur die echten Geldleistungen: er gilt nicht, wenn ein Darlehen in Goldbarren oder in Wertpapieren gegeben ist (Art. 1896 C. c.). Infolge der ständigen Preissteigerungen sind heute viele Mietverträge mit Indexklauseln versehen.

6. Verwahrung

Die Verwahrung ist ein Realvertrag, durch den der Verwahrer die Sache eines anderen mit der Verpflichtung in Empfang nimmt, sie aufzubewahren und sie in natura zurückzugeben (Art. 1915 C. c.). Der Verwahrungsvertrag kann nur bewegliche Sachen zum Gegenstand haben und ist regelmäßig unentgeltlich. Eine Vergütung kann jedoch bei Aufbewahrung von Wertpapieren durch eine Bank vereinbart werden. Der Verwahrer darf sich ohne Einverständnis des Hinterlegers nicht der hinterlegten Sache bedienen (Art. 1930 C. c.) und muß bei unentgeltlicher Verwahrung mindestens dieselbe Sorgfalt anwenden, die er bei Verwahrung seiner eigenen Sachen anwendet (Art. 1927 C. c.). Er haftet für Zufall und höhere Gewalt nicht, es sei denn, daß er mit der Rückgabe der hinterlegten Sache in Verzug gekommen wäre (Art. 1929 C. c.). Er muß schließlich genau dieselbe Sache, die er empfangen hat, zurückgeben, sobald der Hinterleger sie zurückfordert.

Neben dem eigentlichen Verwahrungsvertrag gibt es einen uneigentlichen Verwahrungsvertrag („dépot irrégulier"), der im Gesetz nicht näher geregelt wurde. Dieser Vertrag kommt zustande, wenn Geld oder andere vertretbare Sachen in Verwahrung gegeben werden. Der Empfänger kann bei dieser Vertragsart die hinterlegte Sache verbrauchen und dann eine gleiche Menge von Sachen zurückgeben wie beim Darlehen. Eine Sonderform der Verwahrung ist die Sequestration, bei welcher eine bewegliche oder unbewegliche Sache, um welche gestritten wird, bei einem Dritten hinterlegt wird (Art. 1955 ff. C. c.). Der Code civil regelt ferner die „notwendige" Verwahrung, welche einem anläßlich eines Zufalls wie etwa einer Feuersbrunst aufgezwungen wird: bei dieser Verwahrung ist Zeugenbeweis ohne jede Wertgrenze zulässig (Art. 1949 C. c.). Zu der notwendigen Verwahrung wird auch die Haftung des Gastwirtes gerechnet. Gastwirte und Hoteliers haften für vom Gast eingebrachte Sachen. Die Haftung ist jedoch auf 200 Fcs beschränkt, wenn es sich um Geld oder Wertsachen handelt, die dem Hotelier nicht zur Verwahrung besonders übergeben worden sind (Art. 1953 C. c.).

7. Auftrag

Der Auftrag (le mandat) ist ein Konsensualvertrag, durch den jemand sich verpflichtet und auch ermächtigt wird, etwas für einen anderen zu tun (Art. 1984 C. c.). Er ist unentgeltlich, solange nichts anderes vereinbart ist (Art. 1986 C. c.). Grundsätzlich erstreckt sich der Auftrag auf Besorgung von Rechtsangelegenheiten namens des Auftraggebers. Der Auftrag wird entweder speziell für ein einzelnes oder für mehrere bestimmte Geschäfte oder ganz allgemein für alle Geschäfte des Auftraggebers erteilt. Zur Ausführung eines Verfügungsgeschäfts (Veräußerung eines Grundstücks, Hypothekenbestellung) ist ein ausdrücklicher, spezieller und notariell beurkundeter Auftragsvertrag erforderlich. Der Beauftragte ist gehalten, die ihm an-

vertrauten Geschäfte sorgfältig zu führen; er haftet nicht nur
für Vorsatz, sondern auch für Fahrlässigkeit. Naturgemäß ist
seine Haftung strenger, wenn es sich um einen im Rahmen der
Berufsausübung übernommenen entgeltlichen Auftrag handelt.
Der Beauftragte ist in der Regel berechtigt, das aufgetragene
Geschäft einem anderen zu übertragen, bleibt jedoch für seinen
Stellvertreter verantwortlich. Schließlich hat er dem Auftraggeber Rechnung über die Geschäftsführung abzulegen. Der
Auftraggeber seinerseits ist verpflichtet, die innerhalb der er-
teilten Vollmacht eingegangenen Verbindlichkeiten zu erfüllen
und den Beauftragten schadlos zu halten, d. h. ihm seine Auf-
wendungen zu ersetzen.

Der Auftrag erlischt durch einseitige Erklärung (Widerruf des
Auftraggebers oder Kündigung des Beauftragten) sowie durch
Tod einer der Parteien. Diese Bestimmungen beruhen darauf,
daß der Auftrag auf ein persönliches Vertrauensverhältnis
zurückgeht. Bis 1958 wurde das Rechtsverhältnis zwischen Unternehmer und Handelsvertreter nach allgemeinen Auftrags-
grundsätzen des C. c. beurteilt. Heute gelten Handelsvertreter-
verträge als „in gemeinsamem Interesse" geschlossen; so hat der
Handelsvertreter bei grundloser Kündigung Anspruch auf Schadensersatz

8. Risikoverträge (gewagte, aleatorische oder Glücksverträge)

Die beste Definition des aleatorischen Vertrages findet sich in
Art. 1104 Abs. 2 C. c.: „Besteht das Entgelt eines gegenseitigen
Vertrages in der Möglichkeit des von einem ungewissen Ereignis abhängenden Gewinnes oder Verlustes für jeden Teil, so
ist der Vertrag ein gewagter Vertrag." Von dieser Vertrags-
kategorie regelt Art. 1964 C. c. das Spiel und die Wette, den
Leibrentenvertrag und den Versicherungsvertrag. Die gesetzliche Aufzählung ist nicht erschöpfend, denn zu den gewagten
Verträgen gehören auch noch der Verkauf eines Nießbrauches,
eines streitigen Anspruchs oder einer erhofften Sache.

Grundsätzlich ist jede Klage auf Erfüllung einer Spielschuld
oder einer Wette ausgeschlossen (Art. 1965 C. c.). Daher kann
man auch einem Anspruch die Einrede entgegensetzen, daß ihm

eine Spiel- oder Wettschuld zugrundeliege. Der Spieleinwand ist zwingenden Rechts und von Amts wegen zu berücksichtigen. Gemäß einem Gesetz vom 28. 3. 1885 sind aber sämtliche Börsentermingeschäfte verbindlich. Insbesondere sind die einfachen Differenzgeschäfte klagbar, in denen nur die Differenz zwischen dem jetzigen und künftigen Kurs von Wertpapieren oder Waren von der einen Partei bezahlt werden soll.

Durch Spiel oder Wette entsteht jedoch eine Naturalobligation: wenn sie freiwillig erfüllt wird, ist die Erfüllung wirksam. In keinem Fall kann der verlierende Teil das, was er gezahlt hat, mit der Leistungskondition zurückfordern, es sei denn, der Gewinner hat sich eines Betruges oder einer Gaunerei schuldig gemacht (Art. 1967 C. c.). Wettrennen zu Fuß oder zu Pferde, Wagenrennen sowie Spiele, bei denen es auf körperliche Übung und Gewandtheit ankommt, werden von den einschlägigen Gesetzesvorschriften nicht erfaßt.

Eine *Leibrente* kann entweder entgeltlich oder unentgeltlich bestellt werden. Die Leibrente kann herabgesetzt werden, wenn sie dasjenige übersteigt, worüber man unentgeltlich verfügen kann. Der Zinsfuß ist frei vereinbar; eine Anfechtung des Vertrages wegen Übervorteilung ist ausgeschlossen. Nichtig ist das Leibrentenversprechen, wenn der Rentenberechtigte zur Zeit des Vertragsschlusses an einer Krankheit leidet, die innerhalb von 20 Tagen nach Vertragsschluß zu seinem Tode führt (Art. 1975 C. c.). Die Leibrenten sind von der Geldentwertung schwer getroffen worden, wenn keine Wertsicherungsklausel vertraglich vereinbart worden war. Der Gesetzgeber hat daher die Höhe der Geldleistung aufgewertet. Gemäß einem Gesetz vom 24. Dezember 1969 beträgt der Aufwertungssatz 8000 vom Hundert für Leibrenten, die vor dem 1. August 1914 bestellt worden sind und 891 vom Hundert, wenn die Bestellung der Rente während des 2. Weltkrieges erfolgte.

Der *Versicherungsvertrag* ist im C. c. nicht erwähnt. In den ersten Jahren des 19. Jahrhunderts hatte der französische Gesetzgeber lediglich die Seeschadensversicherung im Code de commerce von 1808 geregelt. Das heutige Recht der Landversicherungen (assurances terrestres) beruht auf einem Sondergesetz von 1930, das Schadensversicherung und Lebensversicherung unterscheidet. Jeder Lebensversicherungsvertrag muß schriftlich abgefaßt werden; außerdem ist sein Inhalt gesetzlich geregelt.

Der Versicherte ist verpflichtet, die Prämie zu zahlen und den Versicherer über den Stand des Risikos zu unterrichten; vor allem für den Fall einer Risikoerhöhung ist eine Anzeigepflicht vorgesehen. Der entstandene Schaden muß innerhalb einer Frist von 5 Tagen gemeldet werden. Sämtliche Ansprüche, die aus dem Versicherungsvertrag entstehen, verjähren in 2 Jahren.

Bei der Schadensversicherung ist der Wert der versicherten Sache zur Zeit des Schadens Höchstgrenze der Ersatzsumme. In keinem Fall ist der Versicherer zu einer Leistung über den Betrag der Versicherungssumme hinaus verpflichtet. Wenn der Versicherte die Sache zu einem ungenügenden Betrag versichert hat („Unterversicherung"), gilt die sogenannte „règle proportionelle" (Regel der Verhältnismäßigkeit). Für den Unterschied zwischen der ungenügenden Versicherungssumme und dem tatsächlichen Wert der versicherten Sache bleibt der Versicherte „Selbstversicherer" (son propre assureur). Die von der Versicherung zu leistende Entschädigung wird im Verhältnis zur Unterversicherung gekürzt. Solche Regeln gelten für die Lebensversicherung nicht. Das versicherte Kapital, das freiwillig von den Vertragschließenden festgesetzt wird, ist im Todesfall entweder an eine bestimmte Person oder an die Erben des Versicherten zu zahlen.

9. Der Vergleich (la transaction)

Der Vergleich ist ein gegenseitiger und entgeltlicher Vertrag, durch den die Parteien einen schon entstandenen Streit beseitigen oder einem bevorstehenden Streit vorbeugen (Art. 2044 C. c.). Der Vertrag ist konsensual, obwohl der C. c. vorschreibt, daß er schriftlich abgefaßt werden muß. Die schriftliche Urkunde ist lediglich ein Beweiserfordernis. Um einen gültigen Vergleich abschließen zu können, muß man über die vom Vergleich betroffenen Gegenstände verfügen dürfen. Man kann sich nicht über solche Rechte und Güter vergleichen, über welche man nicht frei verfügen kann, z. B. über den Personenstand oder die Gültigkeit einer Ehe. Der Vergleich kann nicht wegen Übervorteilung (lésion) angefochten werden (Art. 2052 C. c.); ein in einem Vergleich unterlaufener Rechenfehler muß aber verbessert werden (Art. 2058 C. c.). Nach den allgemeinen Bestimmungen über die Gültigkeit eines Vertrages kann der Vergleich in allen Fällen arglistiger Täuschung oder widerrechtlicher Drohung angefochten werden. Der gültig abgeschlossene Vergleich begründet ebenso wie ein rechtskräftiges Urteil die Einrede, daß der Rechtsstreit beendet sei.

10. Sicherungen einer Forderung (Les „sûretés")

Die Sicherungsmöglichkeiten für eine Forderung sind zahlreich und verschiedenartig. Laut Art. 2092, 2093 C. c. haftet der Schuldner grundsätzlich für jede Schuld mit seinem ganzen Vermögen, das er zur Zeit der Fälligkeit oder der Vollstreckung besitzt. Die nach Begründung der Schuld zum Vermögen hinzukommenden Güter treten in die Haftung ein. Veräußerte Sachen scheiden aus der Haftung aus. Wenn der Schuldner selbst Inhaber fälliger Forderungen ist und deren Einziehung oder Verfolgung vernachlässigt, kann der Gläubiger unmittelbar durch die „action oblique" des Art. 1166 C. c. die Rechte seines Schuldners ausüben. Diese Klage des Gläubigers gegen den Drittschuldner ist an strenge Voraussetzungen gebunden: der Gläubiger muß einen vermögensrechtlichen Anspruch haben, der nicht höchstpersönlich sein darf. Der Schuldner muß nicht nur die Einziehung der Forderung vernachlässigt haben, sondern auch zahlungsunfähig sein; sonst könnte der Gläubiger das Recht des Schuldners nicht geltend machen, da Verträge grundsätzlich Dritten gegenüber keine Wirkungen haben. Vermindert der Schuldner sein Vermögen in der Absicht, den Gläubiger zu benachteiligen, so kann der Gläubiger die revokatorische Klage (actio pauliana) ausüben (Art. 1167 C. c.). Das Vermögen des Schuldners kann aber auch infolge anderer als fraudulöser Umstände vermindert werden. Deswegen hat der C. c. „besondere" Sicherheiten für Forderungen (suretés particulières) vorgesehen. Diese besonderen Sicherheiten sind entweder dingliche oder persönliche. Als persönliche Sicherheit kommt die Bürgschaft in Betracht; dingliche Sicherheiten sind das Besitzpfandrecht, Privilegien und Hypotheken.

a) Die Bürgschaft (le cautionnement)

Die Bürgschaft ist ein Vertrag, durch den jemand sich persönlich verpflichtet, für die Schuld eines anderen einzustehen. Laut Art. 2011 C. c. ist dieser Vertrag streng akzessorisch: der Bürge verpflichtet sich dem Gläubiger gegenüber, die Verbindlichkeit zu erfüllen, wenn der Schuldner sie nicht selbst erfüllt. Neben der vertraglichen Bürgschaft sieht das Gesetz etliche Fälle von gesetzlichen und gerichtlichen Bürgschaften vor. Die Bürgschaft wird als „caution" bezeichnet; das Wort „caution" ist aber in der französischen Umgangssprache mehrdeutig: es kann auch die Hinterlegung von Geld oder Wertsachen zur Sicherung einer Verpflichtung bedeuten; in einem solchen Fall handelt es sich aber nicht um eine persönliche, sondern um eine dingliche Sicherung: nämlich um ein Pfand. Wenn nichts besonderes vereinbart wird, ist der Bürgschaftsvertrag unentgeltlich. Zum Wesen der Bürgschaft gehört 1. übereinstimmender Wille von Bürge und Gläubiger, dagegen nicht die Zustimmung desjenigen, für den die Bürgschaft geleistet wird. Man kann sich auch ohne Auftrag desjenigen verbürgen, zu dessen Gunsten man sich verpflichtet, ja selbst ohne dessen Wissen (Art. 2014 C. c.). 2. Eine Bürgschaft kann nur für eine gültige Verbindlichkeit übernommen werden (Art. 2012 C. c.). Sie kann aber auf einen Teil der Schuld beschränkt werden; auch können weniger lästige Bedingungen vereinbart werden (Art. 2013 C. c.). 3. Eine Bürgschaft wird nicht vermutet; sie muß ausdrücklich erklärt werden (Art. 2015 C. c.). 4. Obwohl die Bürgschaft keiner besonderen Form bedarf, ist im Zivilrecht nur ein schriftlicher Beweis möglich, wenn die Hauptverbindlichkeit den Wert von 50 Fcs überschreitet (Art. 1341 C. c.), also tatsächlich in nahezu sämtlichen Fällen.

Wenn der Hauptschuldner die Zahlung nicht bewirkt, so kann der Gläubiger vom Bürgen die Zahlung der Schuld fordern. Der Bürge kann aber verlangen, daß zunächst der Hauptschuldner im Klageweg zur Zahlung des Betrages gezwungen wird (bénéfice de discussion = Recht der Vorausklage, Art.

2021 C. c.). Der Bürge, welcher die Einrede der Vorausklage erhebt, muß dem Gläubiger das Vermögen des Hauptschuldners nachweisen (Art. 2023 C. c.). Haben mehrere Personen sich für dieselbe Verpflichtung verbürgt, so können sie verlangen, daß der Gläubiger zuerst seine Forderung teile und jeden Mitbürgen nur in Höhe seines Anteils in Anspruch nehme (bénéfice de division = Einrede der Teilung, Art. 2026 C. c.). Ist zu der Zeit, wo auf Teilung der Schuld erkannt wird, ein Bürge bereits zahlungsunfähig, so haften die anderen anteilsmäßig auch für den Zahlungsunfähigen (Art. 2026 C. c.). Diese „bénéfices" (Einreden der Vorausklage und der Teilung) stehen den Bürgen nicht zu, wenn sie sich gesamtschuldnerisch mit dem Hauptschuldner zur Leistung verpflichtet haben. Hat ein Bürge die Hauptschuld bezahlt, so gehen kraft des gesetzlichen Forderungsüberganges des Art. 1251 C. c. alle Rechte, die der Gläubiger gegen den Schuldner hatte, auf den Bürgen über (Art. 2029 C. c.). Damit gewinnt der Bürge ein Rückgriffsrecht gegen den Hauptschuldner.

b) Dingliche Sicherungsmittel

Außer den persönlichen Sicherungen durch Bürgschaft kann eine dingliche Sicherung einer Forderung durch Sachhaftungsrechte bestellt werden. Die Sachhaftungsrechte sind teils Besitzpfandrechte, teils besitzlose dingliche Sicherungen. Merkwürdig ist, daß der C. c. alle diese dinglichen Sicherungen nicht im Sachenrecht, sondern im Schuldrecht geregelt hat.

(1) Das Besitzpfandrecht (nantissement)

Nach dem C. c. entsteht das Besitzpfandrecht ausschließlich durch einen Vertrag, kraft dessen ein Schuldner seinem Gläubiger eine Sache als Sicherheit für die Schuld übergibt (Art. 2071 C. c.). Die Sache kann beweglich oder unbeweglich sein. Die Verpfändung einer beweglichen Sache heißt Faustpfand (gage); die einer unbeweglichen Nutz- oder Grundpfand (antichrèse). Das Besitz- und Nutzpfand an Liegenschaften hat keine Bedeutung mehr, obwohl dieses dingliche Recht in 7 Artikeln (2085—2091 C. c.) immer noch behandelt wird. Im praktischen Rechtsverkehr kommen an ihrer Stelle lediglich die besitzlosen Hypotheken und Vorzugsrechte an unbeweglichen Sachen vor.

Das Mobiliarpfandrecht

Alle beweglichen Sachen können Gegenstand eines Faustpfandvertrages sein. Der Schuldner muß dem Gläubiger (oder einem Dritten) den Pfandgegenstand übergeben. Ist dies ein Recht, so muß die Urkunde, die das Recht verbrieft (z. B. das Wertpapier für ein Aktien- oder Obligationenrecht) übergeben werden.

Der Pfandvertrag bewirkt die Sicherung der Forderung, indem er dem Gläubiger das Recht gibt, die Pfandsache bis zur Tilgung der Schuld zu behalten und sich im Falle der Nichterfüllung aus dem Erlös der Sache mit Vorrang vor anderen Gläubigern zu befriedigen (Art. 2073 C. c.). Ein Vorzugsrecht gegenüber Dritten besteht jedoch nur dann, wenn eine eingetragene Urkunde vorhanden ist, die den Betrag der geschuldeten Summe sowie die Natur der verpfändeten Sache angibt. Allerdings sind derartige Formalitäten nur bei solchen Pfandobjekten vorgeschrieben, deren Wert 50 Fcs übersteigt (Art. 2074 C. c.).

Der Pfandgläubiger ist verpflichtet, die Sache sorgfältig aufzubewahren, ohne sie zu benutzen. Solange die Schuld nicht vollständig bezahlt worden ist, hat er an der Pfandsache ein Zurückbehaltungsrecht. Wird die Schuld nicht bezahlt, so ist der Gläubiger nicht ohne weiteres berechtigt, über das Pfand zu verfügen. Die verpfändete Sache muß öffentlich versteigert werden, damit der Gläubiger aus dem Erlös befriedigt werden kann. Es bleibt ihm aber vorbehalten, durch das Gericht anordnen zu lassen, daß die Sache ihm nach einer von Sachverständigen vorgenommenen Schätzung bis zum Betrage der Schuld an Zahlungs Statt verbleibe. Eine Vereinbarung dahingehend, daß mangels Zahlung der Schuld das Eigentum an dem Pfand kurzerhand an den Gläubiger übergehen soll, ist nichtig (Art. 2078 C. c.).

Neben dem vertraglichen Pfandrecht kennt das französische Recht ein gesetzliches Zurückbehaltungsrecht (droit de rétention), wenn eine Schuld mit einer Sache eng verbunden ist („debitum cum re junctum"). So hat z. B. der Inhaber einer Werkstatt ohne besondere Vereinbarung ein Zurückbehaltungsrecht an einem reparierten Wagen bis zur Zahlung der Rechnung, wenn er dem Kunden nicht ausdrücklich Kredit gewährt hat. Das gleiche gilt für den noch nicht bezahlten Verkäufer einer bestimmten Sache: er ist nach französischem Recht ab Verkauf der Sache nicht mehr Eigentümer, kann aber bis zur Zahlung die Sache dem Käufer gegenüber zurückbehalten.

(2) Besitzlose Pfandrechte

Als besitzlose Pfandrechte kennt das französische Recht die Hypothek und auch das Privileg.

Die Hypothek

Die Hypothek ist eine dingliche Belastung eines Grundstücks, das dem Gläubiger für die Erfüllung einer Verbindlichkeit haftet, auch ohne daß der Gläubiger das verpfändete Grundstück in Besitz nimmt (Art. 2114 C. c.). Die Besitzlosigkeit des Pfandrechtes erleichtert dem Schuldner und Eigentümer des Grundstücks die Belastung des Grundstücks; sie ermöglicht auch die mehrfache Belastung. Die Hypothek ist streng akzessorisch: ihre Entstehung und ihr Bestand hängen von der gesicherten Forderung ab. Die Hypothek ist ihrer Natur nach unteilbar und ruht einheitlich auf jedem Teil aller für die Forderung haftenden Liegenschaften. Nicht nur ein Grundstück als solches, sondern auch der Nießbrauch an einem Grundstück kann mit einer Hypothek belastet werden (Art. 2118 C. c.).

Als Träger eines dinglichen Rechts hat der Hypothekengläubiger ein Befriedigungsvorrecht (droit de préférence) und das Folgerecht (droit de suite). Das Befriedigungsvorrecht gilt nicht nur gegenüber den „gewöhnlichen" Gläubigern, die kein Vorrecht irgendwelcher Art besitzen, sondern auch gegenüber Hypothekengläubigern, die nur einen schlechteren Rang haben. Die Rangordnung der Hypotheken wird durch die Zeit der Eintragung (inscription) im Register des Hypothekenaufbewahrungsamtes (conservation des hypothèques) bestimmt. Ein privilegierter Gläubiger hat jedoch ein Befriedigungsvorrecht noch vor dem Hypothekengläubiger. Das Folgerecht (droit de suite) gibt dem Hypothekengläubiger die Möglichkeit, sich aus dem Erlös des Grundstücks auch dann zu befriedigen, wenn das Grundeigentum auf eine dritte Person übergegangen ist. Dieser Dritte ist dann kein persönlicher Schuldner des Gläubigers, sondern lediglich dinglicher Schuldner (tiers détenteur), der bloß propter rem, also mit dem Wert des erworbenen Grundstücks haftet.

Die Hypothek ist eine gesetzliche, wenn sie unmittelbar auf dem Gesetz beruht; gerichtlich, wenn sie sich aus einem Urteil ergibt; vertraglich, wenn sie vertraglich vereinbart wurde (Art. 2116—2117 C. c.).

Gesetzliche Hypotheken

Forderungen, die kraft Gesetzes durch eine Hypothek gesichert sind, finden sich hauptsächlich im Familienrecht. Minderjährige und Entmündigte haben eine gesetzliche Hypothek an den Grundstücken ihres Vormundes, womit alle Forderungen, die dem Bevormundeten gegen den Vormund aus dessen Amtsführung entstehen, gesichert werden. Einem Ehegatten kann eine gesetzliche Hypothek an den Liegenschaften des anderen kraft Ehegüterrechts zustehen. Der Staat, die Verwaltungsbezirke und Gemeinden sowie öffentliche Anstalten haben von Rechts wegen eine Hypothek an den Grundstücken der ihnen rechnungspflichtigen Einnehmer und Verwalter (Art. 2121 C. c.).

Gerichtliche Hypotheken

Die richterliche Hypothek ist ein Grundpfandrecht, das mit Ergehen eines Leistungsurteils eines französischen Gerichts kraft Gesetzes entsteht (Art. 2123 C. c.). Schiedssprüche und ausländische Urteile lassen erst dann eine Hypothek entstehen, wenn sie von einem französischen Gericht für vollstreckbar erklärt worden sind. Es handelt sich bei der gerichtlichen Hypothek um eine Generalhypothek, die alle gegenwärtigen und künftigen Grundstücke des Schuldners ergreifen kann, jedoch nur zur Sicherung der im Urteil bestimmten Forderung dient.

Vertragliche Hypotheken

Die vertragliche Hypothek ist an verschiedene Voraussetzungen geknüpft. Sie kann nur in einer notariellen Urkunde verbrieft werden, welche die Schuldsumme und das zu belastende Grundstück genau bestimmen muß. Der Schuldner muß Eigentümer des Grundstücks sein und die Fähigkeit zur Verfügung über die zu belastende Liegenschaft besitzen. Die vertragliche Hypothek wird meist zur Sicherung von Darlehen vereinbart, wobei der Darlehensgeber Hypothekengläubiger wird; häufig sind Darlehensgeber öffentliche Kreditanstalten wie der „Crédit foncier", die ein Grundstück gegen Zinsen beleihen. Der noch nicht befriedigte Verkäufer eines Grundstücks braucht sich keine Restkaufgeldhypothek bestellen zu lassen, weil seine Kaufpreisforderung schon kraft Gesetzes durch ein Vorzugsrecht an dem Grundstück gesichert ist.

Publizität der Hypothek

Sämtliche Hypotheken und auch Liegenschaftsvorzugsrechte sind eintragungspflichtig. Ein Grundbuch im deutschen Sinne gibt es in Frankreich nur in Elsaß-Lothringen. Die vorher sehr lückenhafte Publizität ist immerhin durch die Verordnung vom 4. 1. 1955 bedeutend verbessert worden. Die „Eintragung" einer Hypothek geschieht durch Aufnahme der Hypothekenbestellungsurkunde in das Register des Hypothekenbewahrers (conservateur des hypothèques). Der Hypothekenbewahrer ist kein Richter, sondern ein Staatsbeamter. Zuständig ist derjenige Beamte, in dessen Bezirk das Grundstück liegt. Die Eintragung muß jedes belastete Grundstück nach Art und Lage unter Bezugnahme auf das Kataster enthalten.

Wenn eine gesicherte Forderung noch nicht erloschen ist, muß die Eintragung jeweils nach 10 Jahren erneuert werden. Da die Hypothek streng an die zu sichernde Forderung gebunden ist, belastet sie die Liegenschaft nebst ihrem Zubehör und zwischenzeitlich erfolgten Verbesserungen. Künftige Grundstücke können nicht durch Vertrag hypothekarisch belastet werden (Art. 2129 C. c.). Die gesicherte Forderung braucht nicht gegen den Grundstückseigentümer zu bestehen, der die Hypothek bestellt;

die Forderung kann sich gegen einen Dritten richten. Wenn ein Grundstück mit mehreren Hypotheken belastet wird, ist für den Rang der Hypotheken untereinander der Zeitpunkt der Eintragung maßgebend (Art. 2134 C. c.).

Wirkungen der Hypothek

Der Eigentümer der belasteten Grundstücke behält die freie rechtliche Verfügung über seine Liegenschaften. Er kann sie vermieten, veräußern oder weiter belasten. Er darf aber nicht den Wert des Grundstücks vermindern oder beeinträchtigen. Nach Fälligkeit der Forderung kann der Gläubiger die Zwangsvollstreckung ins Grundstück betreiben und sich aus dem Erlös vorzugsweise befriedigen lassen.

Erlöschen der Hypothek

Durch Befriedigung des Gläubigers aus dem Grundstück geht die Hypothek unter. Sonst erlöschen Hypotheken durch Verzicht des Gläubigers auf die Hypothek, durch Verjährung oder durch das besondere Verfahren der Freimachung des Grundstücks von gesetzlichen Hypotheken (purge; Art. 2193 ff. C. c.).

Freimachungsverfahren

Der Erwerber eines mit Hypotheken belasteten Grundstückes kann es von den Hypotheken befreien. Dazu muß er seine Erwerbsurkunde beim Hypothekenaufbewahrungsamt einschreiben lassen und sich zur Befriedigung der Hypothekengläubiger in Höhe seines Kaufpreises oder des Grundstückswertes erbieten. Freimachungsberechtigt sind ein Käufer oder Beschenkter, nicht aber ein Erbe. Wenn der Preis oder der Schätzwert ungenügend erscheint, kann jeder Hypothekengläubiger beantragen, daß die Liegenschaft öffentlich versteigert werde. Der Antrag muß die Zusage des Antragstellers enthalten, ein Zehntel mehr als den angegebenen Preis oder Wert des Grundstückes zu bieten oder zu bewirken, daß ein Zehntel mehr geboten werde (Art. 2185 C. c.). Findet ein solches Freimachungsverfahren nicht statt, so haftet der Erwerber den Hypothekengläubigern lediglich als dinglicher Schuldner (tiers détenteur) mit dem Grundstück. Die Befriedigung des Gläubigers durch den Erwerber, der nicht persönlicher Schuldner ist, hat die Wirkung, daß die Forderung des Gläubigers gegen den persönlichen Schuldner kraft Gesetzes auf den Erwerber übergeht.

Zerstörung des mit einer Hypothek belasteten Gebäudes
Wenn das Gebäude zerstört oder beschädigt wird, verbleibt die Hypothek weiter auf dem Grundstück und der Ruine. Wird das Gebäude durch Brand zerstört, so muß der Hypothekengläubiger bei der Versicherungsgesellschaft Einspruch einlegen, damit der Versicherer die Versicherungssumme nicht etwa unter Übergehung der Rechte des Hypothekengläubigers befreiend an den Eigentümer des Gebäudes zahlt.

Im Gegensatz zum deutschen Recht sind Grundschuld, Eigentümerhypothek und Briefhypothek im französichen Recht nicht bekannt.

(3)   Gesetzliche Vorzugsrechte ("Privilegien")
Gesetzliche Privilegien zugunsten bestimmter Gläubiger sind im deutschen Recht nicht vorgesehen. Im C. c. gibt es allgemeine und spezielle Vorzugsrechte, entweder an Immobilien oder auch an beweglichen Sachen.

Vergleich zwischen Hypotheken und Privilegien
Zwischen Hypotheken und Privilegien bestehen mehrere Unterschiede:

1. Bewegliche Sachen können zwar nicht mit Hypotheken, wohl aber mit Privilegien belastet sein (Art. 2119 C. c.). Nur im Handelsrecht können ausnahmsweise Schiffe mit Vertragshypotheken belastet werden (Art. 2120 C. c.). 2. Privilegien entstehen immer kraft Gesetzes, während Hypotheken auch vertraglich und gerichtlich begründet werden können. 3. Der Rang der Privilegien untereinander ist durch das Gesetz selbst bestimmt; er hängt nicht, wie bei den Hypotheken, von der Zeit der Eintragung ab. 4. Privilegien an beweglichen Sachen sind manchmal nur zum Teil dingliche Rechte, dann nämlich, wenn sie mangels Publizität Dritten gegenüber keine Wirkung entfalten können.

Definition der Privilegien

Das Privileg oder Vorzugsrecht ist ein aus der Eigenart bestimmter Forderungen abgeleitetes Recht, vor anderen, sogar
vor den durch Hypotheken gesicherten Gläubigern befriedigt
zu werden (Art. 2095 C. c.). Privilegien sind entweder allgemeine Vorzugsrechte am gesamten beweglichen oder unbeweglichen Vermögen des Schuldners oder spezielle Vorzugsrechte
an bestimmten beweglichen oder unbeweglichen Sachen.

Allgemeine Vorzugsrechte an beweglichen Sachen

Folgende Forderungen sind mit Vorzugsrechten an der Gesamtheit der beweglichen Habe des Schuldners ausgestattet, wobei
die Rangfolge der Vorzugsrechte der Reihung in der folgenden
Aufzählung entspricht (Art. 2101 C. c.):
1. Die Gerichtskosten; 2. Die Kosten für das Begräbnis des
Schuldners; 3. Die Kosten aller Art aus der letzten Krankheit
vor Eintritt der Zahlungsunfähigkeit des Schuldners; 4. Die
Forderungen auf Arbeitslohn, Gehalt und sonstige Vergütun-
gen derjenigen, welche bei dem Schuldner in Diensten standen;
doch sind die Vorzugsrechte je nach den einzelnen Arten auf die
Ansprüche für das letzte Jahr oder die letzten 6 Monate begrenzt; 5. Die Forderungen für die dem Schuldner und seiner
Familie gelieferten Lebensmittel; 6. Der Anspruch des Unfall-
opfers; 7. Die Forderungen der Familien- und Krankenkassen,
usw. Für die unter Nr. 1 und 4 erwähnten Vorzugsrechte haften auch sämtliche Grundstücke des Schuldners (Art. 2104 C. c.).

Spezielle Vorzugsrechte an bestimmten beweglichen Sachen

Folgende Forderungen sind durch ein Vorzugsrecht an bestimmten beweglichen Sachen gesichert:
1. Der Miet- und Pachtzins für gemietete oder gepachtete
Grundstücke; das Vorzugsrecht gilt höchstens für den Miet-
oder Pachtzins der letzten zwei Jahre, wenn der Vertrag nicht
in einer öffentlichen Urkunde enthalten ist (Art. 2102 C. c.).
2. Jede Forderung ist durch das Faustpfand gesichert, das der
Gläubiger in Händen hat; 3. Die Kosten, die für die Erhaltung einer Sache aufgewendet worden sind; damit hat der
Werkstattbesitzer ein Vorzugsrecht an dem Wagen, den er re-

pariert hat; 4. Der Fahrnisverkäufer hat ein Privileg an der verkauften Sache für den Restkaufpreis, solange der Käufer im Besitz der Sache ist. Wenn das Privileg des noch nicht befriedigten Verkäufers mit dem des Vermieters kollidiert, hat das Vorzugsrecht des Vermieters den Vorrang.

Spezielle Vorzugsrechte an bestimmten Grundstücken

Folgende Gläubiger, die im Art. 2103 C. c. aufgezählt sind, haben ein Vorzugsrecht an bestimmten Liegenschaften:

1. Der Verkäufer an der verkauften Liegenschaft wegen der Zahlung des Kaufpreises; vermöge dieses Vorzugsrechts geht der Verkäufer allen anderen Gläubigern vor. Wird aber das Grundstück weiterverkauft, so geht der erste Verkäufer dem zweiten vor. 2. Wer zum Erwerb eines Grundstücks ein Darlehen gegeben hat, besitzt ein Vorzugsrecht an der Liegenschaft des Erwerbers, wenn eine notarielle Urkunde beweist, daß das Geld zum Erwerb geliehen worden ist. 3. Baumeister und Bauunternehmer haben ein Vorzugsrecht an dem gebauten oder reparierten Gebäude zur Sicherung ihrer Werklohnforderung. 4. Nach der Teilung haben die Miterben ein Vorzugsrecht an den Liegenschaften der Erbschaft für die zum Ausgleich der Anteile erfolgten Zahlungen.

Um Dritten gegenüber wirksam zu sein, müssen die Vorzugsrechte an bestimmten Grundstücken bei dem Hypothekenaufbewahrungsamt eingetragen werden. Ihr Rang ist jedoch nicht von der Zeit der Eintragung abhängig, sondern **vom Gesetz** selbst bestimmt.

Ausnahmen von dem regelmäßigen Besitzpfand an Mobilien

Besondere Gesetze haben besitzlose Vorzugsrechte an beweglichen Sachen vorgesehen. Es handelt sich hauptsächlich um 1. das Pfandrecht an handelsrechtlichen Unternehmungen. Dieses der Hypothek ähnliche Pfandrecht ist ins Register des Handelsgerichts einzutragen. Unter Ausnahme der Waren und Forderungen können sämtliche Bestandteile des Handelsgeschäfts verpfändet werden. 2. Das besitzlose Pfand an einem Kraftfahrzeug zugunsten des Verkäufers oder des Pfandleihers wird ins Register der Präfektur des Bezirkes (Préfecture du département) eingetragen (Dekret vom 30. September 1953). 3. Besitzlose Pfandrechte können auch an landwirtschaftlichen Erzeugnissen, an Hotelinventar, Luftfahrzeugen sowie an industriellen Einrichtungen begründet werden. Für jeden dieser Fälle ist eine besondere Eintragung vorgeschrieben.

V. Erbrecht und Schenkung
A. Das Erbrecht
1. Allgemeines

Das Erbrecht regelt das Schicksal des Vermögens Verstorbener. Erbschaft oder Nachlaß (succession) ist das Vermögen, welches eine Person bei ihrem Tode hinterläßt. Die Erbfolge tritt mit dem leiblichen Tod ein (Art. 718 C. c.). Mit dem Tode geht das Vermögen des Verstorbenen als Ganzes auf eine oder mehrere Personen als Erben (héritiers) über. Dies ist der einzige Fall einer Gesamtnachfolge im französischen Recht.

Es gibt zwei Erbschaftssysteme: die gesetzliche Erbfolge (succession ab intestat), wenn der Verstorbene kein gültiges Testament hinterlassen hat, und die gewillkürte Erbfolge (succession testamentaire), die durch eine letztwillige Verfügung des Verstorbenen geregelt wird. Der Erblasser kann aber einen Erben nicht durch Vertrag einsetzen. Das französische Erbrecht entspringt verschiedenen Quellen: römisches und germanisches Recht sowie das Recht der Revolutionszeit haben es beeinflußt. Seit 1804 sind manche erbrechtlichen Bestimmungen des C. c. geändert worden. Das Erbrecht der unehelichen Kinder und des überlebenden Ehegatten wurden mehrfach (zuletzt noch durch das Gesetz vom 3. Januar 1972) verbessert. Infolge von Reformen der Revolutionszeit wird nicht mehr nach der Beschaffenheit einzelner Nachlaßgüter (bewegliche oder unbewegliche) noch auch nach ihrer Herkunft unterschieden (Art. 732 C. c.).

2. Gesetzliches Erbrecht

Das gesetzliche Erbrecht steht in engster Verbindung mit dem Familienrecht. Gesetzliche Erben sind in erster Linie die nächsten Verwandten des Verstorbenen; Schwägerschaft berechtigt nicht zur gesetzlichen Erbfolge. Die Erben sind in vier aufeinanderfolgenden Erbenordnungen zur Erbfolge berufen. Innerhalb derselben Ordnung ist die Nähe des Verwandtschaftsgrades maßgebend: ein Sohn schließt den Enkel aus.

a) Die Vertretung der Erben (représentation)

Die Erben können entweder kraft ihres eigenen Rechts oder kraft eines ihnen zustehenden Vertretungsrechts zur Erbfolge berufen sein. Die Vertretung ist eine gesetzliche Fiktion, welche bewirkt, daß der Vertreter in die Rechtsposition des Vertretenen eintritt (Art. 739 C. c.). Infolgedessen erlangt ein entfernter Erbe die Rechte eines näheren, der vor dem Tode des Erblassers gestorben ist und deshalb nicht mehr zur Erbfolge berufen sein kann. Unter Abkömmlingen in gerader Linie ist die Vertretung der Erben unbegrenzt (Art. 740 C. c.). Wenn also z. B. der Erblasser zwei Söhne hatte, von denen einer schon vor ihm gestorben ist, werden die Abkömmlinge des Verstorbenen kraft Vertretung des Verstorbenen unmittelbar Erben. Alle diese an die Stelle des vorverstorbenen Sohnes tretenden Enkel erhalten jedoch nur einen Erbteil, weil sie in Vertretung ihres Vaters dessen Teil erhalten. Der Nachlaß wird also in zwei gleiche Teile geteilt, wovon die eine Hälfte dem überlebenden Sohn des Erblassers, die andere Hälfte den Enkeln (Kinder des vorverstorbenen Sohnes) zusteht. In der aufsteigenden Linie findet keine Erbvertretung zum Vorteil der Aszendenten statt; in jeder der beiden Linien der Eltern schließt immer der näher Verwandte auch entferntere der anderen Linie aus (Art. 741 C. c.). In der Seitenlinie ist die Erbvertretung zugunsten von Abkömmlingen der Geschwister des Erblassers zugelassen (Art. 742 C. c.). In allen Fällen der Erbvertretung wird der Nachlaß nach Stämmen (wie in dem obigen Beispiel) geteilt.

b) Erbfolgeordnung

In der ersten Ordnung ist nach dem C. c. die Nachkommenschaft des Erblassers zur Erbfolge berufen. Kinder des Verstorbenen teilen den Nachlaß nach Köpfen. Hinterläßt der Erblasser teils

Abkömmlinge ersten Grades (Kinder), teils Abkömmlinge entfernterer Grade (Enkel oder Urenkel), so wird die Erbschaft
nach Stämmen und den Regeln der Erbvertretung geteilt. Die
zweite Ordnung umfaßt Eltern, Geschwister und Geschwisterkinder des Erblassers. Wenn keiner der Elternteile mehr lebt,
teilen die Geschwister nach Köpfen oder im Fall der Erbvertretung nach Stämmen. Wenn Eltern und Geschwister vorhanden
sind, ist der Nachlaß zunächst in zwei gleiche Teile für Eltern
einerseits und Geschwister andererseits aufzuteilen (Art. 748
C. c.). Der den Eltern zustehende Teil wird wieder auf Vater
und Mutter aufgeteilt. Der nächste Aszendent in einer Linie
bekommt allein 1/4 der Erbschaft. Wenn kein Aszendent in
einer Linie vorhanden ist, bekommen die Geschwister 3/4 des
Nachlasses. Sind beide Eltern des ohne Nachkommenschaft verstorbenen Erblassers vorverstorben, so erhalten die Geschwister
die ganze Erbschaft (Art. 750 C. c.). In der dritten Ordnung
befinden sich die Seitenverwandten bis zum 6. Grad (Art. 755
C. c.). Dann erst steht das Erbrecht dem überlebenden Ehegatten zu; die Bestimmungen darüber sind mehrfach geändert
worden, weswegen die Lösungen kompliziert sind. Fehlt es an
erbberechtigten Verwandten, so gehört der Nachlaß zu vollem
Eigentum dem überlebenden und nicht geschiedenen Ehegatten,
gegen den auch kein rechtskräftiges Urteil auf Trennung von
Tisch und Bett vorliegt (Art. 765 C. c.). Der überlebende Ehegatte wird auch dann alleiniger Erbe, wenn zwar Seitenverwandte vorhanden sind, diese jedoch keine Geschwister oder
Geschwisterkinder des Erblassers sind. Hinterläßt der Erblasser erbberechtigte Verwandte nur in der väterlichen oder der
mütterlichen Linie, so erbt der Ehegatte die Hälfte des Nachlasses (Art. 766 C. c.). In allen übrigen Fällen hat der Ehegatte des Verstorbenen lediglich ein Nießbrauchsrecht am Nachlaß, und zwar an einem Viertel des Nachlasses, wenn der Erblasser ein oder mehrere (eheliche oder uneheliche) Kinder hinterläßt; an der Hälfte des Nachlasses, wenn der Verstorbene
nur Geschwister oder Geschwisterkinder oder Aszendenten oder
während der Ehe gezeugte nichteheliche Kinder hinterläßt (Art.
767 C. c. in der Fassung vom 3. Januar 1972).

c) Erbfähigkeit

Um Erbe werden zu können, muß man zur Zeit des Todes des Erblassers leben oder mindestens schon empfangen sein. Erbunwürdig ist z. B., wer der Tötung des Erblassers für schuldig erklärt worden ist. Erbberechtigte Verwandte werden unmittelbar mit dem Tode des Erblassers Erben, können aber auf die Erbschaft verzichten. Wenn der Erbe klug handeln will, nimmt er die Erbschaft unter Beschränkung der Haftung auf den Nachlaß an. Der Erbe, welcher die Erbschaft schlechthin annimmt, haftet kraft Gesetzes für alle Schulden und Lasten der Erbschaft. Nachlaßschulden können dann unbeschränkt gegen den Erben persönlich geltend gemacht werden, weil der Erbe die Person des Verstorbenen fortsetzt und dessen Vermögen mit dem seinen vermischt. Das kann nicht nur für den Erben, sondern auch für die Nachlaßgläubiger sehr gefährlich sein. Deswegen hat das Gesetz für den Erben zwei Rechtswohltaten vorgesehen, nämlich die beschränkte Erbenhaftung durch Inventarerrichtung (acceptation sous bénéfice d'inventaire) und die Absonderung des Nachlasses (bénéfice de séparation des patrimoines).

d) Annahme der Erbschaft unter Inventarerrichtung

Die Erklärung des Erben, daß er die Erbschaft unter Vorbehalt der Inventarerrichtung annehmen wolle, muß auf der Gerichtsschreiberei des „tribunal de grande instance" abgegeben werden, in dessen Bezirk der Verstorbene seinen Wohnsitz hatte (Art. 793 C. c.). Ein wahrheitsgetreues Inventar des Nachlaßvermögens muß in einer Frist von drei Monaten vom Erbfall an errichtet werden. Ordnungsgemäße Inventarerrichtung hat die Wirkung, daß der Erbe bei Begleichung der Erbschaftsschulden nur bis zum Betrag des Wertes der ererbten Güter haftet (Art. 802 C. c.). Ein Vormund kann eine dem Minderjährigen zugefallene Erbschaft überhaupt nur unter diesem Vorbehalt der Inventarerrichtung annehmen (Art. 461 C. c.).

e) Absonderungsrecht der Nachlaßgläubiger

Um die Zahlungsunfähigkeit des Erben zu vermeiden, sind die Nachlaßgläubiger berechtigt, eine Absonderung des Nachlaß-

vermögens von dem eigenen Vermögen des Erben zu verlangen
(Art. 878 C. c.). Das Absonderungsrecht erstreckt sich auf alle
beweglichen und unbeweglichen zum Nachlaß gehörigen Sachen,
kann aber, was die beweglichen Güter betrifft, nur drei Jahre
lang geltend gemacht werden (Art. 880 C. c.).

f) Erbschaftsteilung (partage successoral)

Wenn mehrere Erben vorhanden sind, wird die Erbschaft üb-
licherweise unter ihnen geteilt. Nach Art. 815 C. c. kann kein
Miterbe gezwungen werden, in ungeteilter Gemeinschaft mit
den anderen Erben zu verbleiben; er kann jederzeit Teilung
verlangen. Die Teilung kann im Wege der Vereinbarung lediglich auf 5 Jahre ausgeschlossen werden. Die Teilung kann aber
auch gerichtlich ausgeschlossen werden, wenn es sich um ein
landwirtschaftliches Gut oder um Wohn- und Geschäftsräume
handelt. Der Ausschluß der Teilung bei landwirtschaftlichen
Gütern, der 1961 vorgesehen worden ist, um die Zerstückelung landwirtschaftlichen Besitzes zu vermeiden, ist für die
Wirtschaft von besonderer Bedeutung.

Die Erbteilung kann in freier Vereinbarung oder gerichtlich
erfolgen. Zunächst muß das gesamte Nachlaßvermögen gebildet
werden. Jeder Miterbe muß zum Nachlaß die vom Erblasser
erhaltenen Geschenke sowie die dem Erblasser geschuldeten
Summen hinzufügen (Art. 829 C. c.). Von dieser Ausgleichungs-
pflicht (rapport) ist nur derjenige Erbe befreit, dem die Geschenke ausdrücklich als Vorempfang außerhalb des Erbteils
(par préciput et hors part) oder unter Befreiung von der Aus-
gleichungspflicht zugewendet worden sind (Art. 843 C. c.).
Abgesehen davon herrscht für alle Erben ein Gleichbehand-
lungsgebot. Bei Bildung der Erbanteile ist soweit als möglich
die Zerstückelung von Grundstücken und Aufteilung der Bewirtschaftung zu vermeiden (Art. 832 C. c.). Seit 1961 ist eine
Vorzugsleistung (attribution préférentielle) zugunsten des überlebenden Ehegatten oder eines anderen Miterben vorgesehen,
der vor dem Erbfall an dem landwirtschaftlichen, kaufmänni-
schen, industriellen oder handwerklichen Unternehmen mitge-
wirkt hat. Kommt eine gütliche Einigung unter den Miterben
nicht zustande, so kann das Gericht das gesamte Unternehmen

einem dazu geeigneten Erben zur Bewirtschaftung zuteilen; dieser muß dafür seinen Miterben eine angemessene Entschädigung zahlen.

g) *Wirkungen der Teilung*

Die Teilung wirkt auf den Erbfall zurück. Jeder Miterbe wird so behandelt, als habe er alle zu seinem Anteil gehörenden Gegenstände allein, ausschließlich und unmittelbar vom Erblasser erworben (Art. 883 C. c.: „effet déclaratif du partage"). Infolgedessen ist die von einem Miterben vor der Teilung an einem Nachlaßgrundstück bestellte Hypothek gültig, wenn das Grundstück in der Teilung ihm selbst zugewiesen wird; andernfalls ist sie ungültig.

3. Gewillkürte Erbfolge

Der C. c. kennt zwei Arten der Verfügungen von Todes wegen: das einseitige Testament und das gegenseitige Erbvermächtnis, das lediglich in einem Ehevertrag vereinbart werden kann (institution contractuelle). Andere Erbverträge sowie das gemeinschaftliche Testament sind verboten.

a) *Testamente*

Im allgemeinen ist das Testament eine in bestimmter Form abgefaßte Urkunde, mittels deren der Erblasser für den Fall seines Ablebens über sein Vermögen verfügt. Eine solche einseitige Verfügung von Todes wegen ist jederzeit ganz oder teilweise widerrufbar. Der Widerruf eines Testaments kann ausdrücklich erfolgen, indem der Erblasser z. B. die Urkunde vernichtet oder ein neues, mit dem früheren nicht vereinbares Testament errichtet. Ein stillschweigender Widerruf eines Stücklegats (Vermächtnisses) liegt vor, wenn der Erblasser die in dem Testament zugewandte Sache veräußert. Im französischen Recht kann man durch Testament keinen Erben einsetzen, sondern nur Universallegate, Erbteilslegate und Stücklegate vorsehen. Unter diesen drei Bezeichnungen: „legs universel" (Erbvermächtnis), „legs à titre universel" (Erbteilsvermächtnis) und „legs à titre particulier" (Erbstückvermächtnis) handelt der C. c. die verschiedenen zulässigen Arten testamentarischer Verfügungen ab (Art. 1002 ff. C. c.). Mittels der Universallegate oder Erbteilslegate verfügt der Erblasser zugunsten einer oder mehrerer Personen über die Gesamtheit oder einen Bruchteil seines Vermögens. Durch Universallegate vermacht der Erblasser einer Person oder mehreren Personen die Gesamtheit seines Vermögens, das bei seinem Tode hinterlassen wird (Art. 1003 C. c.). Ein Erbteilslegat ist diejenige testamentarische Verfügung, durch welche der Erblasser einen Bruchteil seines Vermögens oder seiner beweglichen oder seiner unbeweglichen Güter vermacht (Art. 1010 C. c.). Das Stücklegat gibt dem Vermächtnisnehmer das Eigentum an einem bestimmten Nachlaßgegenstand (Art. 1014 C. c.). Natürlich muß dafür der Erblasser zur Zeit seines Ablebens Eigentümer der vermachten Sache sein. Im Gegensatz zum deutschen Recht gibt dieses Einzelvermächtnis dem Vermächtnisnehmer nicht nur einen schuldrechtlichen Anspruch auf Herausgabe eines bestimmten Gegenstandes gegen den Erben oder einen Vermächtnisnehmer, sondern wie beim römischen Vindikationslegat unmittelbar das Eigentum an der Sache.

b) Förmlichkeiten der Testamente

Ein Testament muß immer schriftlich gefaßt werden. In Frankreich hat jeder Erblasser, sei er Franzose oder Ausländer, die Testamentsformen des französischen Rechts zu beachten (zwingende Anwendung der Regel „locus regit actum"). Der C. c. stellt dem Erblasser drei Testamentsformen zur Verfügung: das eigenhändige Testament (testament olographe), das öffentliche Testament (testament public), und das mystische oder geheime Testament (testament mystique); Art. 969 ff. C.c.

Das eigenhändige Testament muß seinem ganzen Inhalt nach von dem Erblasser eigenhändig geschrieben, datiert und unterzeichnet werden (Art. 970 C. c.). Fehlt eine dieser Förmlichkeiten, so ist das Testament nichtig. Die Angabe des Ortes, wo das Testament abgefaßt worden ist, und die Verwendung der französischen Sprache sind nicht erforderlich. Man kann sogar die letztwillige Verfügung in die Form eines Briefes einkleiden. Holographische Testamente werden häufig nach ihrer Abfassung bei einem Notar hinterlegt.

Das öffentliche Testament wird von zwei Notaren oder von einem Notar in Gegenwart von zwei Zeugen aufgenommen. Die letztwillige Verfügung wird dabei von dem Erblasser diktiert; der Notar läßt das Diktat niederschreiben; schließlich muß die Niederschrift gelesen und von den Anwesenden unterzeichnet werden. Das *geheime Testament* wird durch Übergabe eines verschlossenen und versiegelten Umschlages oder eines zusammengefalteten Papiers an einen Notar in Gegenwart von zwei Zeugen errichtet. Der Erblasser muß dabei erklären, daß diese Urkunde sein Testament enthalte. Der Inhalt des Testaments bleibt solange geheim, wie der Erblasser lebt. Außerdem sehen der C. c. und Sondergesetze etliche außerordentliche Testamentsformen vor, z. B. für Angehörige der Streitkräfte, die im Felde stehen, oder für Personen, die sich während einer Seereise an Bord eines Schiffes befinden.

c) Materielle Voraussetzungen
für die Errichtung eines Testaments

(1) *Testierfreiheit und Testierfähigkeit.* Jeder kann, sobald er das Alter von 16 Jahren erreicht hat, durch Testament über sein Vermögen verfügen. Zwischen 16 und 21 Jahren (bzw. 18 im Falle der Emanzipation) kann der Minderjährige nur über die Hälfte der sonst freigegebenen Quote verfügen.

(2) Um aufgrund einer letztwilligen Verfügung erwerben zu können, muß man zur Zeit des Erbfalles mindestens gezeugt sein und dann lebend und lebensfähig zur Welt kommen (Art. 906 C. c.).

(3) Die Gültigkeit des Testaments wird nach den allgemeinen Gültigkeitserfordernissen für Rechtsgeschäfte beurteilt. Nach dem Willensprinzip können Personen, die zur Zeit der Errichtung einer letztwilligen Verfügung geisteskrank oder geistesgestört sind, kein gültiges Testament errichten. Der entmündigte Volljährige ist testierunfähig, auch wenn er seine letztwillige Verfügung in einem lichten Augenblick abgefaßt haben sollte. Auch können Testamente wegen Irrtum, Täuschung oder Drohung angefochten werden.

(4)   Wenn jemand eine Freigebigkeit (nicht nur Vermächtnis, sondern auch Schenkung) von einer unmöglichen, gesetz- oder sittenwidrigen Bedingung abhängig macht, so gilt die Bedingung als „nicht geschrieben" (Art. 900 C. c.). Was unmöglich, gesetz- oder sittenwidrig ist, hat die Rechtsprechung für jeden einzelnen Fall gesondert zu beurteilen. Ein Heiratsverbot ist immer als gesetzwidrig anzusehen, während ein Verbot der Wiederheirat eine gültige Bedingung sein kann, wenn für ein solches Verbot vernünftige Gründe vorhanden sind. Eine Testamentsklausel, nach welcher ein zum Nachlaß gehörendes Grundstück nicht veräußert werden soll, ist meist als ungeschrieben zu betrachten.

(5)   Etliche Personen können nicht durch eine letztwillige Verfügung wirksam bedacht werden: es handelt sich um Ärzte und Apotheker, die den Erblasser während seiner letzten Krankheit behandelt haben; Geistliche oder Schiffsoffiziere sowie vom Staat nicht anerkannte Vereine (Art. 909 ff. C. c.). Ein Minderjähriger kann nicht seinen Vormund mit einem Vermächtnis bedenken. Sträflinge, die zu lebenslänglichem Zuchthaus verurteilt sind, können nichts von Todes wegen erwerben.

d) Freiteil (quotité disponible) und Pflichtteil (réserve légale)
Vermächtnisse an Verwandte und Fremde dürfen nicht den Teil übersteigen, über den der Erblasser ohne Beeinträchtigung der Pflichtteilsrechte verfügen kann. Werden Abkömmlinge oder Eltern des Erblassers durch Verfügung von Todes wegen von der Erbfolge ausgeschlossen oder mit einem nur ungenügenden Anteil bedacht, so steht ihnen ein Pflichtteilsrecht zu. Das Pflichtteilsrecht ist im französischen Recht ein materielles Noterbrecht, das sich auf einen bestimmten Teil des Nachlasses beschränkt. Dieser Pflichtteil steht nur dem im Gesetz ausdrücklich benannten Erben zu. Freigebigkeiten des Erblassers dürfen nicht die Hälfte seines Vermögens übersteigen, wenn er bei seinem Tod ein Kind hinterläßt; nicht den dritten Teil, wenn er zwei Kinder hinterläßt; nicht den vierten Teil, wenn er drei oder mehr Kinder hinterläßt (Art. 913 C. c.). So entspricht der Pflichtteil des einzigen Kindes der Hälfte des gesamten Vermögens des Erblassers. Wenn zwei Kinder vorhan-

den sind, hat jedes ein Pflichtteilsrecht an einem Drittel der Erbschaft. Nach Art. 913 C. c. in der Fassung vom 3. Januar 1972 ist der Pflichtteil für eheliche und nichteheliche (aber nicht im Ehebruch erzeugte) Kinder gleich. Hinterläßt der Erblasser neben einem ehelichen und einem unehelichen, aber nicht im Ehebruch erzeugten Kind, auch ein im Ehebruch erzeugtes Kind, so ist dessen Pflichtteil um die Hälfte geringer als bei den anderen Kindern. Der Pflichtteil von Aszendenten beträgt je ein Viertel des Vermögens für väterliche und mütterliche Linien. Dem überlebenden Ehegatten steht kein echter Pflichtteil zu; für ihn ist freilich eine besondere Quote vorgesehen. Der Ehegatte kann entweder durch Testament den frei verfügbaren Teil des Nachlasses zugewendet erhalten oder ein Viertel zu vollem Eigentum und einen Nießbrauch an den anderen drei Vierteln des Nachlasses oder einen Nießbrauch am Gesamtnachlaß.

Hat der Erblasser durch Schenkungen oder Legate den frei verfügbaren Teil des Nachlasses überschritten, so kann der Pflichtteilsberechtigte eine Herabsetzungsklage (action en réduction) erheben. Diese Klage führt zunächst zu einer verhältnismäßigen Kürzung der Legate und, wenn dies allein nicht genügt, um den Pflichterben ihren Pflichtteil zu gewähren, auch zu einer Rückgabe von Geschenken (Art. 923, 926 C. c.). Zur Berechnung der Pflichtteile werden alle Güter, die der Erblasser bei seinem Tod hinterlassen hat, und alle Geschenke, die er zu Lebzeiten gemacht hat, zusammengezählt.

e) Nacherbeneinsetzung (substitution)

Eine Nacherbeneinsetzung ist grundsätzlich verboten (Art. 896 C. c.). Eine Substitution ist diejenige Testamentsklausel, durch die dem Vermächtnisnehmer die Pflicht auferlegt wird, einem bestimmten Zweitberechtigten etwas von der Erbschaft zu erhalten und zu hinterlassen. Das Verbot der Substitution erfährt jedoch eine wichtige Ausnahme: Eltern können ihren Kindern oder ihren Geschwistern den frei verfügbaren Teil ihrer Erbschaft schenken oder vermachen unter der Verpflichtung, daß die Begünstigten diese Güter ihren eigenen Kindern hinterlassen sollen.

f) Testamentsvollstrecker

Der Erblasser kann durch Testament einen oder mehrere geschäftsfähige Personen zu Testamentsvollstreckern ernennen (Art. 1025 C. c.). Die Aufgabe des Testamentsvollstreckers (exécuteur testamentaire) ist Vollziehung der letztwilligen Verfügungen. Zur Erfüllung dieser Aufgabe kann er einen provisorischen Besitz (saisine) am beweglichen Nachlaß erhalten, der aber nicht länger als ein Jahr und einen Tag vom Erbfall an dauern kann. Der Erbe kann diesem vorläufigen Besitz des Testamentsvollstreckers dadurch ein Ende machen, daß er ihm eine hinlängliche Summe zur Erfüllung der Vermächtnisse anbietet (Art. 1027 C. c.). Die Befugnisse des Testamentsvollstreckers sind höchstpersönlich: sie gehen nicht auf seine Erben über (Art. 1032 C. c.).

Jede testamentarische Verfügung verfällt, wenn der, zu dessen Vorteil sie getroffen war, den Erblasser nicht überlebt hat (Art. 1039 C. c.; „caducité de la disposition testamentaire"). Bei Erbeinsetzung durch Testament gibt es keine erbrechtliche Vertretung.

B. Die Schenkung (la donation)

Schenkung ist ein Rechtsgeschäft, durch das der Schenker sich ihm gehörender Güter sofort und unwiderruflich zum Vorteil des Beschenkten entledigt, der diese Verfügung annimmt (Art. 894 C. c.). Die Schenkung ist also ein Vertrag, bei dem die Annahme durch den Beschenkten unentbehrlich ist. Der C. c. hat jedoch hier die allgemeine Bezeichnung „Rechtsgeschäft" vorgezogen, weil er unter einem Vertrag nur Rechtsgeschäfte mit gegenseitigen Verpflichtungen versteht. Im allgemeinen ist eine Schenkung einseitig und unentgeltlich. Es gibt aber viele Fälle, in denen eine frühere oder zukünftige Gegenleistung den Grund (cause) eines solchen Rechtsgeschäftes bildet (bedankende oder belastende Schenkungen = donations rémunératoires ou avec charges). Wenn keine Gegenleistung vorgesehen oder erkennbar ist, wird der einfache Begünstigungswille (animus donandi) des Schenkers als rechtlicher Grund des Schenkungsgeschäfts angesehen.

Förmlichkeiten der Schenkungen: Nach Art. 932 C. c. soll jede
Schenkung „ausdrücklich" gemacht und angenommen werden.
Soll ein Grundstück geschenkt werden, so ist notarielle Beurkundung erforderlich. Diese Urkunde dient nicht nur als Beweismittel für das Rechtsgeschäft, sondern ist Voraussetzung
für das Zustandekommen des Rechtsgeschäfts. Die nur mündlich oder mittels einer Privaturkunde vorgenommene Schenkung eines Grundstücks wäre absolut nichtig (Art. 931 C. c.).
Notarielle Beurkundung ist aber nicht erforderlich im Falle
einer Handschenkung (don manuel) von dem Schenker gehörenden beweglichen (körperlichen) Sachen oder Inhaberpapieren
oder wenn der Gläubiger dem Schuldner die Schuld schen-
kungshalber erläßt.

Das Eigentum an der geschenkten Sache geht durch die bloße
Einigung der Parteien (also durch die Annahme der Schenkung)
auf den Beschenkten über (Art. 938 C. c.). Dritten gegenüber
gilt das Eigentum erst mit der Übergabe der geschenkten beweglichen Sache an den Beschenkten als übergegangen. Die
Schenkung einer Forderung bedarf einer Mitteilung an den
Schuldner; das verschenkte Grundstück muß auf den Namen
des Beschenkten bei der „Conservation des Hypothèques" um-
geschrieben werden.

VI. Schlußbetrachtungen

Seit 1804 hat das französische Zivilrecht wichtige Änderungen
erfahren. Besonders im Personen- und Familienrecht haben in
der letzten Zeit die Artikel des C. c. eine ganz neue Fassung
erhalten. Die Familie und der Familienvater sind nicht mehr
autonom wie damals. Die Gleichberechtigung der Eheleute hat
sich stufenweise verwirklicht. Ein Kindschafts- und Vormundschaftsrichter ist eingesetzt worden, der in Familienangelegen-
heiten eingreifen kann. Der veraltete gesetzliche eheliche Güterstand der Fahrnis- und Errungenschaftsgemeinschaft ist zugunsten einer einfachen Errungenschaftsgemeinschaft beseitigt
worden. Der Gesetzgeber hat besonders für das Wohl von Kin-

dern verschiedene Maßnahmen getroffen. Eine der merkwürdigsten Neuerungen gewährt ein Besuchsrecht solchen Personen, die ein Kind tatsächlich aufgezogen haben, ohne ein Recht dazu zu haben: das Interesse des Kindes ist dafür maßgebend. Eine bemerkenswerte Änderung betrifft die sogenannte Zahlvaterschaft: kann ein uneheliches Kind seinen gesetzlichen Vater nicht feststellen (z. B. infolge einer exceptio plurium), so darf es von seinem „möglichen Vater" Unterhaltsbeiträge verlangen; mehrere Konkumbenten können sogar kraft Art. 342—3 C. c. zur Zahlung einer Entschädigung verurteilt werden, wenn ihnen ein Verschulden zur Last fällt. Es handelt sich hier um eine „Konzeptions-Risikohaftung", die in den Rahmen der Ausweitung allgemeiner Risikohaftungen gestellt werden kann. Diese Regelung ist jedoch nicht nur neu, sondern für die traditionelle Optik des französischen Rechts außergewöhnlich. Ganz neu ist auch die Bestimmung des Art. 9 C. c., wonach die Intimsphäre durch alle Rechtsbehelfe geschützt werden kann, allenfalls auch durch eine in einer einstweiligen Verfügung angeordnete Beschlagnahme. Im Gegensatz zum Personen- und Familienrecht ist das Obligationenrecht von Reformen fast unberührt geblieben. Einige neuere Tendenzen sind jedoch auch im Vertragsrecht und vor allem im Recht der unerlaubten Handlungen festzustellen. Im Vertragsrecht spielt z. B. die „lésion", also die Übervorteilung eines Vertragspartners durch ein auffälliges Mißverhältnis zwischen Leistung und Gegenleistung, eine immer größere Rolle. Darüber hinaus sind die Bestimmungen des Gesetzes vom 11. März 1957 (Art. 37) über das geistige Eigentum und der Art. 491—2 und 510—3 C. c. in der Fassung vom 3. 1. 1968 über den Schutz geistesgestörter Volljähriger zu erwähnen. Entsprechende Tendenzen verfolgen diejenigen Normen, welche Wertsicherungsklauseln besonders bei Grundstücksverträgen für gültig erklären. Bei Abzahlungsgeschäften will der Gesetzgeber den Gläubiger gegen Geldentwertung schützen, auch wenn keine ausdrückliche Indexklausel vereinbart worden ist (so Art. 833-1 C. c. in der Fassung vom 3. Juli 1971).

Die spärlichen Artikel über unerlaubte Handlungen sind seit 1804 kaum verändert worden, aber die Rechtsprechung legt sie immer weiter im Sinne einer Sach- oder Risikohaftung aus. Im Sachenrecht hat die Verordnung vom 4. 1. 1955 die Publizität der dinglichen Rechte an Grundstücken neu geordnet. Diese Regelung, die sich allmählich dem System des deutschen Grundbuchs annähert, steht in enger Verbindung mit der Reform des Katasters. Im Erbrecht hat sich die Lage des überlebenden Ehegatten dadurch verbessert, daß er richtiger Erbe und nicht mehr nur wie früher regelwidriger Nachfolger („successeur irrégulier") ist. Die Kinder des Verstorbenen bleiben jedoch vorrangig seine Erben. In der allgemeinen Entwicklung des französischen Zivilrechts haben neben der Gesetzgebung die Rechtsprechung und die Dogmatik eine bedeutende Rolle gespielt.

Es bleiben aber doch auch im neueren Recht manche Lücken. So fehlen befriedigende Lösungen für die Abzahlungskaufgeschäfte und ein Konkursrecht für Nichtkaufleute.

Schließlich muß man auch feststellen, daß etliche Bestimmungen des neuen Familienrechts ohne praktische Anwendung bleiben, da das gesetzte Recht sich hier schneller als die innere Struktur der Familie entwickelt hat. Daß ein ganz neuer Code civil in der nächsten Zeit abgefaßt werden könnte, erscheint unwahrscheinlich.

Bibliography

Aubry et Rau:	Cours de Droit civil français d'après la méthode de Zachariae, 6. Aufl. Paris, 1936—1958 (12 Bde).
Colin et Capitant:	Traité de Droit civil français, Paris, 1957—1959.
Crome:	Allgemeiner Teil der modernen französischen Privatrechtswissenschaft, Mannheim, 1892.
Crome:	Die Grundlehren des franz. Obligationenrechts, Mannheim, 1894.
Ferid:	Das französische Zivilrecht, 2 Bde, Frankfurt a. M., Berlin, 1971.
Hellermann:	Der Schutz geistesgestörter Volljähriger im franz. Zivilrecht, Diss. Bonn, 1972.
Hubrecht:	Notions essentielles de Droit civil, 9. Aufl. 1973.
Josserand:	Cours de Droit positif français, 3. Aufl. Paris, 1938—1940.
Juglart (de):	Cours de Droit civil, Paris, 1966.
Julliot de la Morandière:	Droit civil (Précis Dalloz).
Kaden, H. E.:	Die Zivilgesetze der Gegenwart, Band I; Frankreich Code civil, Mannheim, Berlin, Leipzig, Bensheimer, 1932.
Kamp:	Zur Haftung ohne Verschulden des Kraftfahrzeughalters im franz. Recht, Annales Universitatis Saraviensis, 1960.
Landfermann, H. G.:	Die Auflösung des Vertrages nach richterlichem Ermessen als Rechtsfolge der Nichterfüllung im französischen Recht, Frankfurt, 1968.
Madlener, K.:	Das französische Familienrecht nach dem Gesetz vom 3. 1. 1972, Familienrecht, 1972, 336 ff.

Oeckinghaus, A.:	Kaufvertrag und Übereignung beim Kauf beweglicher Sachen im deutschen und französischen Recht, 1973.
Marty-Raynaud:	Droit civil, 1956—1962.
Mazeau:	Leçons de Droit civil, Paris, 1956—1960.
Mazeau-Tunc:	Traité théorique et pratique de la responsabilité civile délictuelle et contractuelle, 3 Bde, Paris, 1957.
Planiol-Ripert-Boulanger:	Traité de Droit civil français, 13 Bde, Paris, 1948 ff.
Renner-Haensch Campart de Kostine:	Französisch-Deutsche Rechtssprache, München, 1966.
Savatier:	Cours de Droit civil, 3 Bde, Paris, 1947—1950.
Savatier:	Traité de la Responsabilité, 2 Bde, Paris, 1951.
Stabel:	Institutionen des franz. Zivilrechts, Mannheim, 1883.
Sonnenberger:	Einführung in das franz. Recht, Darmstadt, 1972.
Vouin-Robino:	Droit privé civil et commercial, 2 Bde, Paris, 1958—1960.
Wicher:	Handwörterbuch der franz. Rechtssprache, Frankfurt a. M., 1951.
Zachariae von Lingenthal:	Handbuch des franz. Zivilrechts, 8. Aufl. (Crome) Freiburg Br., 1894.
Zachert, U. C.:	Gefährdungshaftung und Haftung aus vermutetem Verschulden im deutschen und französischen Recht, Frankfurt, 1971.

Sachregister